Karlheinz A. Geißler

Wart' mal schnell

Minima Temporalia

Karlheinz A. Geißler

Wart' mal schnell

MINIMA TEMPORALIA

S. HIRZEL VERLAG
STUTTGART · LEIPZIG

Monotypien

TRAUTE LANGNER-GEISSLER

Bibliografische Informationen der Deutschen Bibliothek
Die Deutsche Bibliothek verzeichnet diese Publikation in der Deutschen Nationalbiografie; detaillierte bibliografische Daten sind im Internet unter http://dnb.ddb.de abrufbar
ISBN 3-7776-1178-6

1. Auflage 2002
2. Auflage 2002
3. Auflage 2004

Birkenwaldstraße 44, 70191 Stuttgart
Printed in Germany
Einbandgestaltung und Innentypografie: deblik, Berlin und Kristin Drechsler
Druck: Gulde Druck GmbH, Tübingen

Verzeiht! Es ist ein groß Ergetzen,
Sich in den Geist der Zeiten zu versetzen.
GOETHE

Für alle, die auf dieses Buch gewartet haben.

INHALT

VORWORT
Ach, du liebe Zeit

Es geht um Zeit – im Leben und auch in diesem Buch. „Zeit“? Klar! Zeit ist Zeit. Wer denkt schon viel darüber nach, und wer hat überhaupt Zeit dazu? „Zeit“, das neben „Mama“ am häufigsten gebrauchte Substantiv im deutschen Alltag, klingt so vertraut, dass man üblicherweise kein Bedürfnis nach weiteren Erläuterungen verspürt. Alle Leser und Leserinnen dieses Buches sind selbstverständlich Ausnahmen. Aber die Mehrheit der Bevölkerung macht zur Zeit etwas ganz anderes.

Trotzdem lohnt es sich, der Zeit gedanklich nachzuspüren. Im Leben gibt es nämlich nichts, was so treu zu uns hält wie eben die Zeit. Sie begleitet uns von der Geburt bis zum Tod. Wirklich aber beginnt sie erst dort, wo wir anfangen, über sie nachzudenken und über sie zu reden. Das tun wir heutzutage immer häufiger. Inzwischen aber weiß man aus mancherlei Erfahrungen, dass es dann, wenn die „Zeit“ zum Thema gemacht wird, meist um etwas anderes als um „Zeit“ geht. Und eben darum geht's in den hier gesammelten Gelegenheitstexten. Sie sind nicht mit der Absicht geschrieben, dem Wesen der Zeit forschend und reflektierend auf den Grund zu gehen. Die mannigfach gescheiterten diesbezüglichen Versuche haben uns gelehrt, dass so etwas einem in und mit der Zeit verstrickten Menschen nicht gelingen kann. Man muss wahrscheinlich tot sein, um aus der notwendigen Distanz heraus über „Zeit“ etwas wirklich Grundlegendes schreiben zu können. So, wie auch nur Blinde uns darüber aufklären können, was Farben wirklich sind. Als Existenzen auf Zeit, also als Lebende, wissen und spüren wir, dass das, was wir „Zeit“ nennen, nicht identisch mit dem ist, was Zeit wirklich ist.

Mit diesem Argument entlaste ich mich von den unrealistischen, aber möglicherweise vorhandenen Erwartungen, in diesem Buch Klarheit darüber schaffen zu können, was „Zeit“ überhaupt sei. Zufrieden wäre ich, wenn Leser und Leserinnen durch die Lektüre der Texte mehr darüber erfahren, was man denkt, was „Zeit“ sei, damit sie seltener dem verbreiteten Irrtum anheim fallen, die Uhr sei die Zeit.

Die Texte sind das Ergebnis einer mehr oder weniger gewagten Expedition in die Zeit-Läufe der Alltagswelt, verfasst von einem Schausteller des Zeitgeistes. Ich wünsche mir Leser und Leserinnen, die bei dieser Reise durch die Zeitlandschaften erleben, dass es zuallererst die Vielfalt der Zeiten ist, die das Leben interessanter, amüsanter, gerechter und liebevoller macht: Rennen Sie also, wandern, flanieren und stolpern Sie durch dieses Buch, und sagen Sie auch ab und zu: „Wart’ mal schnell.“ Fliehen Sie jedoch allen pädagogischen An- und Zumutungen, vom Autor bei dieser Zeitreise an die Hand genommen werden zu wollen. Nur so werden Sie das erhoffte Vergnügen bei der Lektüre haben.

Mehr zu sein als einige zufällige Stationen jenes Zuges der Zeit, der auf der Strecke vom heiligen zum eiligen Geist verkehrt, will das Geschriebene nicht beanspruchen. Jene, die Ratgeber oder Gebrauchsanweisungen suchen, oder wissen wollen, wie mit der Zeit umzugehen ist und mit welcher Methode man die eigenen Zeitprobleme lösen kann, alle diese Leser und Leserinnen werden enttäuscht sein. Nutzt man die Lektüre aber dazu, den üblichen Umgang mit der Zeit zu problematisieren und zu ändern, dann würde ich nicht sagen: „So ist das nicht gemeint.“

Versuchen Sie also, beim Lesen – und auch sonst im Leben – die Zeit auf Ihre Seite zu bringen. Nur so kann's Ihnen gut gehen, und ich wäre froh, weil's Ihnen gut geht. Denken Sie aber bitte immer daran, dass man dem Reden, dem Nachdenken und dem Schreiben über „Zeit“ keinen höheren Wert beimessen sollte als dem Zeit-Leben. Nur wer sich von der Realität unseres Umgangs mit der Zeit mehr verspricht als von der Reflexion oder der Klage über diese Realität, wird zur Veränderung wirklich fähig sein.

Die vorliegenden Texte sind nicht am gleichen Ort und nicht zur gleichen Zeit geschrieben worden. Sie sind das Ergebnis unterschiedlicher Zerstreuungen des Geistes und des Körpers in Raum und Zeit. Sie wurden alle in Europa geschrieben; im Salzkammergut, auf einer Nordseeinsel und in einem sizilianischen Dominikanerkloster. Immer aber auch auf den Wegen dorthin und wieder zurück, in schnellen und langsamen Zügen, auf zugigen, sonnigen, vollen und auch leeren Bahnsteigen. Keiner der Texte wurde im Auto oder im Flugzeug verfasst. Diese Orte und diese Zeiten spiegeln sich notwendigerweise in den „gelegentlichen“ Texten. Sie sind Früchte jener Tage, die dem sinnlosen Bestreben geschuldet sind, die Zeit dadurch vergessen zu machen, dass man über sie schreibt. Denn alles Schreiben über „Zeit“ und noch mehr alle die vergeblichen Bemühungen, „Zeit“ zu ordnen, zu managen und zu sparen, sind letztlich nichts anderes als die Suche nach einem Platz zum Ausruhen, nach einer Zeit-Oase ohne Furcht vor dem Tod, nach einem schattigen Ort in sonniger Umgebung, bei gutem Essen, wohlschmeckendem Wein, zusammen mit nicht allzu flexiblen Freunden und Freundinnen. So nur lässt sich Zeit wirklich leben. Nur so macht es Freude, die Zeit dabei zu beobachten, wie sie vorübergeht. Ein Buch über „Zeit“ braucht man für die Erfüllung dieser Sehnsucht eigentlich nicht. Aber vielleicht hat man es nötig, um den Weg dorthin zu finden.

Aber Vorsicht!

Die Tragödie wird voll aufgedeckt, aber vom Lächeln im Zaum gehalten und zwischen die Falten der Alltagsbanalität gebettet.

ITALO SVEVO

Ja, ja die Zeit

Was ist Zeit?

Eine Sammlung ungewöhnlicher Antworten

- Zeit ist das, was man braucht, um allen jenen 1,7 Millionen Hinweisen nachzugehen, die man zum Suchbegriff „Zeit“ im Internet findet.
- Zeit ist alles, was wir „Zeit“ nennen.
- Zeit ist das, was jedem vernünftigen Menschen fehlt, der in einer Fernsehsendung sagen soll, was „Zeit“ ist.
- „Zeit“ ist das meistgebrauchte Substantiv der deutschen Sprache.
- *Zeit ist doch überhaupt nicht eigentlich!* (THOMAS MANN)
- Zeit, das ist die Stelle, wo sich die Welt und unsere Vorstellung von ihr begegnen.
- Zeit ist die Illusion, nicht tot zu sein.
- Zeit ist ein zeugendes Nichts.

Wussten Sie eigentlich …

- Dass „Zeit“ einsilbig ist und trotzdem so viel von ihr gesprochen wird?
- Dass man einen Zeitvortrag zwar doppelt so schnell halten könnte, ihn aber nicht doppelt so schnell **nicht** halten kann?
- Dass die Welt voller Verspätungen ist und dass sich die Menschen trotzdem beeilen?
- Dass mit der Beschleunigung unseres Alltags die Verspätungen nicht weniger, sondern mehr geworden sind?
- Dass zwei Drittel aller Menschen, die in München überfahren werden, über 65 Jahre alt sind?
- Dass sich dort, wo ein Wille ist, auch ein Umweg befindet?
- Dass kein noch so schneller Mensch vor einer Person aus einer Drehtüre wieder herauskam, die er hinter dieser betreten hatte?
- Dass die Zeitgewinne zur Zeit immer mehr Zeit kosten?
- Dass wir dann, wenn die Zeit wirklich existierte, diese nicht messen müssten?
- Dass man ganz schnell ganz langsam werden kann, aber auch ganz langsam ganz schnell?
- Dass es genügend Zeit gibt und täglich neue dazukommt?

Traum-Zeit

Wir leben in den Zeitmustern der Natur und wir sind Teil dieser Natur. Es sind die Rhythmen und die Zyklen von Tag und Nacht, von Leben und Tod, von Wachsen und Vergehen, an die die Menschen gebunden sind. Sie ermöglichen vieles, schränken uns aber auch ein. In dem Bestreben, unsere Abhängigkeiten zu verringern, versuchen wir die Periodizitäten der Natur zu zügeln, zu beeinflussen und zu manipulieren. Und in der Tat, wir befreien uns von den Zeitmaßen der Natur – dies aber nicht ohne Verlust. Der Mensch setzt an die Stelle natürlicher eigene Zeitordnungen, für die er dann auch die Verantwortung übernehmen muss. Diese Früchte der Freiheit belasten ihn mit der Notwendigkeit, Zeit kontrollieren und der jeweils neu entwickelten Zeitordnung einen Sinn geben zu müssen.

Weil wir uns nicht etwa von der Zeit befreit haben – was bei lebendigem Leib unmöglich ist –, sondern unsere Abhängigkeit von den Naturzyklen durch die Abhängigkeit von den Wirtschaftszyklen ersetzt haben, bleiben Wünsche, Sehnsüchte und Hoffnungen nach Zeitsouveränität und Zeitwohlstand ungestillt. Es gab diese immer, es gibt sie auch noch heute. Nur ihre Ausdrucksformen haben sich verändert. Waren es ehemals gemalte und erzählte Bilder vom „goldenen Zeitalter", vom „Jungbrunnen", von „arkadischen Gefilden" oder vom „zeitlosen himmlischen Wohlgefallen", die für mannigfaltige irdische Entbehrungen belohnten, so sind es heute Kindergeschichten („Momo") und Kinofilme („Zurück in die Zukunft"), die mit jeweils unterschiedlichen kulturellen Mitteln unseren Sehnsüchten nach der Freiheit vom Zeitzwang Ausdruck verleihen.

Ob mittelalterliche oder postmoderne Zeitreisen, gemeinsam ist ihnen der Wunsch nach einem Ausbruch aus den Unabänderlichkeiten vorgegebener Zeitzustände. Ohne diese Utopien wäre das Leben ärmer, ohne sie ginge es uns schlechter. Denn sie erst ermöglichen den Blick auf das andere. Denn das, was ist, kann doch nicht alles sein.

Träumen wir die Zeit? Träumt die Zeit uns, sind wir ihr Traum?
OCTAVIO PAZ

Die Zeit im Jahr 1749

Es ist indessen gewiß, dass sich die allerwenigsten Menschen, um die wahre Beschaffenheit der Zeit bekümmern. Die allermeisten haben die dunckelsten und verworrensten Begriffe davon, ob sie gleich mehr als der gemeine Pöbel bedeuten wollen. Sie legen einen Tag nach dem andern, eine Woche nach der andern, ja wohl gar ein Jahr nach dem andern zurück, und dencken doch offt so wenig an ihre Zeit, die sie in der Welt zubringen, ja an ihr gantzes Leben, welches aus derselben bestehet, und gleichsam zusammengesetzet ist, mit einiger Aufmercksamkeit zurück. Ein Tag vergehet nach dem andern, ja ein Jahr, das so viele Tage zählet, vergehet, nach dem andern, so, dass oft 30–40 und mehrere Jahre endlich vorüber streichen, ehe wir es einmahl recht gewahr werden. Diese gantze Zeit über machen wir uns offt mit allerhand Dingen viel zu thun, und zu schaffen: Wir lauffen und rennen, wir tichten und trachten, und nehmen allerhand vor, womit wir diese Zeit nur hinbringen können, ja wir bemühen uns offt, daß wir nur etwas zu thun bekommen, damit dieselbe inzwischen unvermerckt vergehen möge. Bey all dem aber fällt es uns nicht einmahl ein, über die Beschaffenheit der Zeit zu dencken. Die meisten stellen sich die Zeit fast nicht anders als ein allgemeines Behältniß vor, darinnen sie, und andere neben ihnen in der Welt befindlichen Dinge, gleichsam verschlossen, und von allen Seiten umgeben sind, ja sie bilden sich dieselbe wie einen Strom ein, der sie nebst andern Dingen gleichsam mit sich fortführe, und dahin reisse, ohne zu bedencken, daß sie selbst, und die Dinge, die neben ihnen in der Welt sind, mit ihrer Dauer die Zeit selbst erst machen …

Johann Heinrich Zedler: Großes vollständiges Universal-Lexikon Bd. 61, Leipzig/Halle 1749, S. 727.

„Zeit", wo bist du denn?

Nachdem wir die „Zeit" nicht mehr als eine Gottesgabe begreifen, sie also in die eigene Hand genommen haben, machen wir unentwegt etwas mit ihr – ob sie will oder nicht: Wir sparen sie, wir schlagen sie tot, wir stehlen sie und manchmal lassen wir sie uns auch stehlen. Und doch spüren wir bei sensibler Betrachtung dessen, was wir mit ihr machen, dass es sich bei der Zeit um etwas eher Ungewöhnliches, etwas anderes handelt, als es diejenigen Objekte sind, mit denen wir sonst so gerne so viel machen. Sparen wir beispielsweise Zeit, indem wir etwa schneller arbeiten, uns schneller fortbewegen oder schneller essen, evtl. sogar schneller oder kürzer schlafen, dann bringt uns diese Schnelligkeit nicht allzu viel ein. Am Ende wird nämlich nichts drangehängt – unsere Lebenszeit wird durch diese Sparerei nicht länger. Wo bleibt die gesparte Zeit? Sie ist weg. So betrachtet, kann man sich das Zeitsparen sparen. Schlagen wir hingegen die Zeit tot, dann besitzen wir sie mehr denn je, denn dann lebt sie mit und in uns. Anscheinend müssen wir sie töten, um sie und uns leben zu lassen. Paradox.

Ungewöhnliches zeigt sich auch beim Diebstahl von Zeit. Mag sein, dass jene Zeit verlieren, denen sie gestohlen wird, aber warum sollte man sie anderen wegnehmen? Jene nämlich, die die Zeit anderen Menschen stehlen, gewinnen diese nicht für sich.

„Zeit", was ist sie? Eine Sache ist sie nicht, was dann? Geld ist sie eigentlich auch nicht – obgleich uns das nun wirklich jeden Tag gleich mehrmals gesagt wird. Geld nämlich kann man fälschen, Zeit nicht. Ach ja, die Zeit, sie ist ein Rätsel. Was sie ist und wo sie ist, das wissen wir nicht – vielleicht deshalb, weil wir keine Zeit haben: Und wer keine Zeit hat, ist tot.

Ordnung muss sein!

Zeit ist eines der wichtigsten ordnungspolitischen Steuerungsinstrumente – sie wird dazu gemacht. Zeitstrafen (Nachsitzen, Sitzenbleiben, Gefängnisstrafen) sind allseits beliebte und gefürchtete Ordnungsinstrumentarien. Aber auch unseren Lebenslauf strukturieren wir sehr ordentlich mithilfe der Zeit. Kindergarten mit drei Jahren, Einschulung mit sechs. Zwölfjährige erst – so die einschlägigen Verordnungen – dürfen ohne Begleitung Älterer alleine in einem Aufzug fahren. Und der § 12 der Straßenverkehrsordnung belehrt die Bürgerinnen und Bürger, wenn sie 18 Jahre sind manchmal folgenreich, dass es sich bei einem mehr als dreiminütigen Anhalten eines Autos um einen Parkvorgang handelt.

Wer Bundespräsident werden will, muss warten bis er (von „sie" kann bisher nicht gesprochen werden) 40 Jahre alt geworden ist. Werden aber kann man das nur dann, wenn man vorher nicht allzu viele Zeitstrafen abgesessen hat. Damit das alles so klappt und so ordentlich funktioniert wie vorgeschrieben, ist Erziehung notwendig. Norbert Elias schildert anschaulich, wie diese funktioniert. Sein Beispiel betrifft Indianer – aber auch alle sich mündig wähnenden Mitteleuropäer haben diese Art der Dressur hinter sich.

Der Inspekteur des Schulwesens einer Siouxreservation unterhielt sich über die Anpassungsschwierigkeiten der Stammesgruppen. „Was würden Sie von einem Volk denken", sagte er, „das kein Wort für ‚Zeit' hat? Meine Leute haben kein Wort für ‚zu spät' oder für ‚warten'. Sie wissen nicht, was es heißt, zu warten oder zu spät zu kommen." Dann fuhr er fort: „Ich kam zu dem Schluss, dass sie sich niemals an die weiße Kultur anpassen könnten, solange sie nicht wüssten, was Zeit bedeutet und wie viel Uhr es ist. Also ging ich daran, ihnen die Zeit beizubringen. In keinem Klassenzimmer der Reservation gab es eine Uhr, die ging. Also kaufte ich zuerst einige anständige Uhren. Dann ließ ich die Schulbusse pünktlich abfahren, und wenn ein Indianer zwei Minuten zu spät kam, hatte er eben Pech. Der Bus fuhr um 8 Uhr 42, und zu dieser Zeit musste er da sein.“[1]

Ordnung muss sein!

Aber muss es unbedingt diese sein?

[1] Aus: Norbert Elias, Über die Zeit, Frankfurt 1984

Illusionen der Freiheit

„Individualisierung“ heißt das postmoderne Attraktivitätsprogramm, das unsere Heilserwartungen, zumindest aber unsere Ansprüche im Hinblick auf mehr Freiheit, begrifflich zum Ausdruck bringt. Rund um die Uhr, unabhängig vom Datum, vom Wochentag und den Jahreszeiten, wollen wir individuell – und das heißt, je nach Lust, Laune und aktuellem Bedürfnis – einkaufen, uns amüsieren, und – wenn's denn sein muss – auch arbeiten. Alles das, was das Leben der Menschen einrahmt, wie etwa Traditionen, gesellschaftliche Konventionen, politische Rahmenbedingungen, religiöse Normen und ethische Wertvorstellungen, alles das wird immer häufiger und lauter als unzulässige Einengung und Einschränkung von Selbstverwirklichungsansprüchen erlebt. An's Paradies glauben wir zwar immer noch, aber in der säkularisierten Form des Supermarktes. Dass wir es dort nicht allzu lange aushalten, ist die Strafe für den Sündenfall in jenem Paradies, aus dem wir vertrieben wurden.

Täuschen wir uns nicht, der Erfolg des groß angelegten Individualisierungsprogramms wird nicht den Subjekten, er wird den Firmen, den Betrieben, den Ämtern zugute kommen. Diese nämlich betreiben mit dem attraktiven Etikett der Individualisierung und mit den damit einhergehenden falschen Freiheitsversprechen nichts anderes als profitable Rationalisierung. Das heißt, wir erhalten nur jene Freiheiten, die sich für die Institutionen und Organisationen in Geldgewinne transferieren lassen. Banküberweisungen vom PC aus, Benzin selbsttätig einfüllen, Müll in der häuslichen Küche sortieren und allüberall, beim Hotelfrühstück, in der Volkshochschule wie auch im „Kaufparadies", der freundliche Hinweis: „Sie dürfen sich selbst bedienen". Leider aber muss man das auch; und eben dies schränkt die gewonnene Freiheit wieder entscheidend ein. Völlig aus den Augen – und leider auch aus dem Sinn – scheint dabei der triviale Sachverhalt geraten zu sein, dass die Individualisierung ein gesellschaftlich gesteuerter Prozess ist. Er setzt Gesellschaft als wichtiges Steuerungselement voraus, also jenes Sozialsystem dem man durch Individualisierung eigentlich entfliehen will. Oder sollte möglicherweise die Idee der Individualisierung darin ihre Erfüllung finden, dass sich die Menschen nurmehr durch ihre jeweils eigene Art, hektisch sein zu können und zu dürfen, unterscheiden?

Verschwenderisches Zeitsparen

Zeitsparen, angetrieben durch die Verpflichtung, Zeit in Geld zu verrechnen, wurzelt in der Sünde der Habgier, die ehemals zu einer der sieben Todsünden zählte. Habgier geht in vielen Fällen mit ihrem Gegenteil, der Verschwendung, einher. Zeit wird nämlich auch in großem Maße dafür verschleudert, noch mehr Zeit zu sparen. Dies ähnelt jener vielfach zu beobachtenden widersprüchlichen Entscheidung, hohe Kosten auf sich zu nehmen, um ein kostengünstigeres Kleidungsstück oder ein preisreduziertes Möbelteil zu erwerben. Menschen, die so handeln, löschen ihren Durst mit Meerwasser.

Im Computer findet diese wenig konsequente „Logik" ihre zumindest vorläufige Erfüllung: Es handelt sich bei ihm um jene Zeitsparmaschine, die uns zurzeit am meisten Zeit kostet. Zeitsparen wird, ohne dass das auffallen würde, mit zeitweise exzessiver Zeitverschwendung in einen problemlosen Einklang gebracht. Die Zeitverschwendung am PC wird durch dessen Möglichkeiten, immer wieder Zeit sparen zu können, legitimiert. Hegel hat, ohne solche Geräte zu kennen, dafür bereits den geeigneten Begriff bereitgestellt: Er spricht von einer „gegenseitigen Bestimmung". Der Kapitalismus lebt von dieser gegenseitigen Bestimmung und er lebt gut davon. Das Paradox des verschwenderischen Sparens und der sparsamen Verschwendung treibt die ökonomischen Dynamiken voran und verführt die Menschen zu immer größerem Konsum ohne schlechtem Gewissen. Wie sollte man sonst für die verbreitete Motivation eine Erklärung finden, anlässlich eines Sonderangebotes statt der einen benötigten Bratpfanne gleich drei zu kaufen, nur weil man dabei am Preis des Einzelstückes 15 % spart?

Das bürgerliche Streben nach Wohlstand, nach der durch Güterwohlstand erfüllten Zeit, die man sich durch Zeitsparanstrengungen erarbeitet, rotiert letztlich um einen leeren Kern. Weil man das weiß, zumindest aber ahnt, lässt man von den hektischen Zeitsparanstrengungen meist auch dann nicht ab, wenn man bereits im Wohlstand lebt. So wird die Tragödie des „Sinn"-losen Lebens und des leeren Selbst durch die Banalität des ununterbrochenen Konsums, der zur Sucht wird, verschleiert.

Einstmals zog man in die Welt, um Geld zu verdienen, und dies mit dem Ziel, irgendwann einmal kein Geld mehr verdienen zu müssen. Nur allzu oft endete dieses Vorhaben aber dort, wo sich das Geld jene Menschen verdient, die sich mit der Absicht, Geld zu erwerben, auf ihren Lebensweg machten. In einem Leben, das notwendigerweise mit dem Tod endet, können Zeitsparanstrengungen immer nur vergebliche und daher tragische Versuche sein, dem Naturgesetz der Endlichkeit durch leere Betriebsamkeit zu entkommen. Das Einzige, an dem man wirklich sparen sollte, sind Zeitsparanstrengungen.

ZEIT
TLG

Uhren kosten Geld

Es gibt Völker, deren Sprache keinen Begriff von „Zeit“ kennt. Für diese ist die uns so geläufige Gleichung „Zeit ist Geld“ unverständlich. Der Zeitbegriff entwickelte sich bei allen Völkern – und das war auch bei uns so – in jenem Maße, wie es die Umstände verlangten. Und diese sind jeweils unterschiedlich. Bei Übersetzungen schafft das Probleme. So ist beispielsweise der gebräuchlichste Ausweg, die Formel „Zeit ist Geld“ in einer „zeitlosen Sprache“ auszudrücken, sie mit „Uhren kosten Geld“ zu übersetzen. Irgendwie stimmt das ja auch. Denn Zeit verkaufen wir.

Zeit ist Geld

Zeit ist Geld!
Na – des stimmt net. – Zeit hab i gnua, aber kein Geld! Wenn i so viel Geld hätt wie Zeit, dann hätt i mehr Geld wie Zeit.
Dann hättn Sie keine Zeit mehr, dass Sie mit mir wohin gehen.
Das nicht, aber heut hätt ich noch Zeit.

KARL VALENTIN

Wenn man nur gewartet hätte

Ich kannte einen Hund, der war so groß wie ein Mann, so arglos wie ein Kind und so weise wie ein Greis. Er scheint so viel Zeit zu haben, wie in ein Menschenleben nicht geht. Wenn er sich sonnte und einen dabei ansah, war es, als wollte er sagen: Was eilt ihr so? Und er hätte es gewiss gesagt, wenn man nur gewartet hätte.

KARL KRAUS

Die Sprachen der Zeit

Zeit ist ein menschengemachtes Ordnungssystem. Wir ordnen damit das Vergehende, das Sich-Verändernde und das Vergängliche. Dies jedoch kulturell in sehr unterschiedlicher Art und Weise. In den westlichen Kulturen anders als in östlichen, in nördlichen wiederum anders als in südlichen. Man kann den sich kulturell unterscheidenden Umgang mit der Zeit auch als eine Art Sprache bezeichnen. Diese Zeit-Sprache besteht in hoch symbolischen, meist nonverbalen, kommunikativen Ausdrucksformen. Für die Sprachen der Zeit existieren jedoch keine Lehr- und auch keine Wörterbücher, weil sie zuallererst nicht aus Worten bestehen, sondern aus symbolischen Handlungen. Sie sind reicher und vielfältiger als die gesprochenen Sprachen. Im Hinblick auf die Zeit-Sprache zeigen sich die als „hoch entwickelt" geltenden Gesellschaften nur selten hoch entwickelt. Das in ihrem Alltag herrschende Monopol der Zeitformen „Schnelligkeit" bzw. „Beschleunigung" unterdrückt die Entwicklung einer hochdifferenzierten Symbolsprache bezüglich vielfältiger Zeitformen. Die ehemals auch bei ihnen vorhandene Vielfalt an Zeitformen wurde dem Fetisch Geld („Zeit ist Geld") geopfert. Die Mitteleuropäer sind ein gut gelungenes Beispiel dafür. Von Zeitvielfalt ist bei ihnen relativ wenig zu sehen, obgleich doch allerorten Flexibilität gefordert wird. Flexibilität aber wird nicht als ein Mehr an unterschiedlichen Zeitformen, sondern ausschließlich als die Erweiterung zur individuell gestaltbaren Beschleunigung verstanden. Eine solche Flexibilität ist aber nicht allzu flexibel.

Zeitillusion

„Zeit ist Geld". Diese unwahre Gleichung konfrontiert uns trotz aller Falschheit mit einer Wahrheit. Beide nämlich, die Zeit und auch das Geld, sind flüchtig. Und beide haben sie keinen Wert an sich. Ihre „Wertstellung" erfolgt über die Zuschreibung der Substanzlosigkeit. Sie sind, wie dies Schumpeter präzise benannt hat, ein „knapp gehaltenes Nichts".

Wir müssen an vieles glauben, um das zu tun, was wir mit der Zeit und dem Geld tagein, tagaus machen. Daher sprechen die Ökonomen auch von der „Geldillusion", die die Ordnung der Zahlungsmittel gewährleistet. Ebenso könnte man von einer „Zeitillusion" sprechen. Diese Zeitillusion ist die glaubensgesättigte Voraussetzung für unsere herrschende Zeitordnung. Die Formel „Zeit ist Geld" ist daher identisch mit der Gleichung „Zeitillusion ist Geldillusion". Eine illusionslose Gleichung.

Diesseits oder jenseits – darauf kommt's an

Wenn wir „Zeit" empfinden und erleben, dann erleben wir nicht „Zeit", sondern wir erleben Veränderungen, in uns und um uns herum. Diese Veränderungen erfahren wir, je nach individueller Disposition, als langsam, zu langsam, schnell oder zu schnell. Ein Ereignis, das für uns unangenehm ist, vergeht meistens zu langsam – wir würden es gerne schneller hinter uns bringen. Umgekehrt verhält es sich mit einem Ereignis, das uns angenehm ist. Dies wünschen wir uns langsam oder überhaupt nicht vergehend – denn alles Glück will Ewigkeit. Dieser Sachverhalt lässt sich mit einer familiären Alltagssituation anschaulich bebildern: Es kommt darauf an, auf welcher Seite der Klotüre man sich befindet, um eine Minute als schnell oder langsam vergehend zu erleben. Für die, die davor stehen und nicht hineinkönnen, vergeht eine Minute langsam. Für diejenigen, die jenseits der Türe ihren Platz gefunden haben, spielt die Zeit keine Rolle. Sie sitzen auf der zeitlosen Seite. Schön für sie! Dies gilt für die Kurzfristperspektive des Erlebens. Langfristig sieht es anders aus. Jene Zeitspanne, in der wir viel erlebt haben, bleibt uns als eine relativ lange im Gedächtnis, im Gegensatz zu derjenigen, in der es uns langweilig war, in der nichts los war; sie schrumpft im Rückblick.

Daher empfinden alte Menschen „Zeit" auch anders als junge. Für sie vergeht die Zeit auch deshalb schnell, weil sie merken, dass sie sich aufs Ende allen Zeiterlebens zu bewegen. Für die Menschen in ihren unterschiedlichen Lebenslagen sind eben nicht alle Zeiten gleich – auch dann nicht, wenn sie durch unsere Zeitmessgeräte gleich gemacht werden. Lebende Wesen haben Eigenzeiten. Das sind jene Zeiten, die von deren Bedürfnissen, Wünschen, Erwartungen und Hoffnungen geprägt sind. Ein sensibel beobachtender Chronist hat das im bayrisch-schwäbischen Kloster Irsee beobachtet. Er berichtet, dass die Benediktiner langsam und schlurfenden Schrittes zum Gebet in die Kirche gingen, sich jedoch mit erheblich beschleunigterem Gang vom Gotteshaus in den Speisesaal begaben.

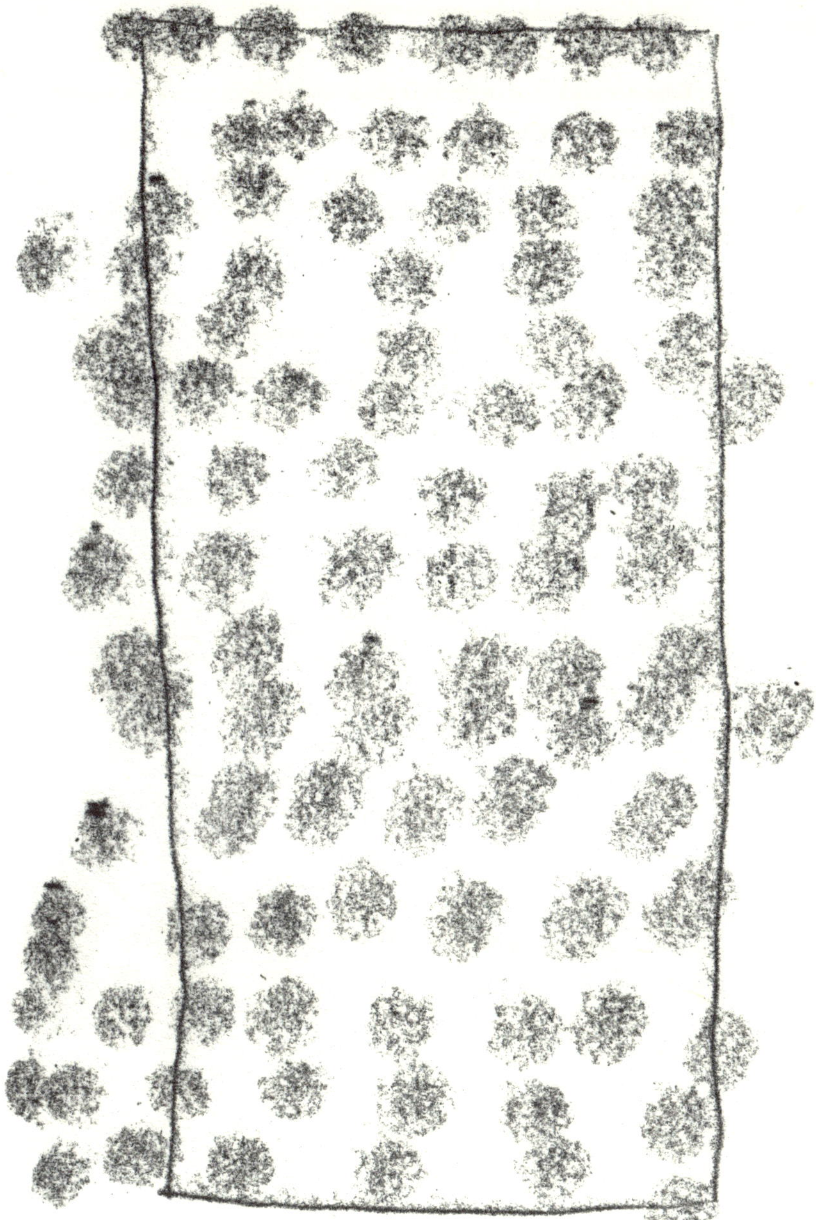

TLG

Mehr ist weniger

Wer heutzutage ein Produkt erfolgreich auf dem umkämpften Markt der Möglichkeiten platzieren will, muss es mit einer Vielfalt von Funktionsalternativen ausstatten. Es ist nämlich der Möglichkeitszuwachs, der zum attraktiven Freiheitsversprechen geworden ist. Allein die Befreiung vom Zeitdruck, die mit einem Mehr an Entscheidungsmöglichkeiten immer wieder werbeträchtig angepriesen wird, ist eine profitable Lüge. Man könne, so die suggestive Verführung, das multifunktionale Gerät ja ausschalten und es läge letztlich nur am Käufer, ob er sich dieser angebotenen Möglichkeitsvielfalt unterwirft. So aber ist es nicht. Geräte, die man ausschalten kann, kann man auch einschalten. Sie bedürfen also grundsätzlich immerzu der Entscheidung, ob man sie funktionsfähig macht oder nicht. Das gerne verwendete Argument, das betreffende Gerät besäße ja eine Power-off-Taste und mithilfe derer ließe sich die Entscheidungsfreiheit der Benutzer realisieren, ist insofern illusorisch, als die Möglichkeit, diese zu bedienen, ein Teil des Zwanges zur Benutzung ist. Wirkliche Freiheit lässt sich nicht durch Power-off-Tasten erreichen – nur ohne sie.

Kommt Zeit – kommt Rat

Wir sind seit mehr als 1600 Jahren, seit Augustinus, nicht viel weitergekommen bei dem Versuch, eine allgemein gültige Antwort auf die Frage: Was ist „Zeit"? zu finden. Augustinus gestand, auf diese Frage keine Antwort zu haben, wenn er sie denn von jemandem gestellt bekäme. Auch Heidegger, der ja viel über Zeit geschrieben hat, ließ verlauten, nicht zu wissen, was „Zeit" ist. Weitergekommen jedoch sind wir mit der Anzahl der Antwortversuche – aber das hat die Verwirrung über das, was denn „Zeit" wirklich sei, nur gesteigert.

Zeit ist ...

Der Physiker: Eine hartnäckige Illusion
Der Psychologe: Ein Empfinden ohne Sinnesorgan
Der Germanist: Ein einsilbiges Wort
Der Existenz-Philosoph: Das Sein zum Tode
Der Theologe: Der Anlauf zur Ewigkeit
Der Sozialwissenschaftler: Die Ordnung des Vergänglichen
Der Ökonom: Geld
Der Politiker: Eine Legislaturperiode
Der Literat: Ein Rätsel

Offene Zeit-Fragen

Trotz all dem Nachdenken über Zeit gibt es noch viele Fragen, die auf eine Antwort warten. Eventuell können wir ja deshalb auf die Frage: „Was ist Zeit?“ keine allgemein gültige Antwort geben, weil wir bisher die falschen Fragen stellten. Hier die vielleicht richtigen:

- Welche Farbe hat die Zeit?
- Wurde die Zeit entdeckt oder erfunden?
- Wer hat sie entdeckt, oder wer hat sie erfunden?
- Wie alt ist die Zeit?
- Wird sie jemals müde?
- Macht sie eigentlich auch mal 'ne Pause?
- Kann sie sich gegen das, was ihr die Menschen antun, wehren und woran merken wir dies dann?
- Liebt sie Kinder?
- Und wo wohnt sie eigentlich?

Vorsicht! Das Nachdenken über „Zeit“ kann für Ihre Geistesverfassung gefährlich werden.

Die Zeiten ändern sich

Moderne Zeiten – postmoderne Zeiten

Moderne Zeiten herrschen dort, wo man sich beschwert, dass nicht alle Uhren gleich gehen.

Postmoderne Zeiten findet man da, wo man sich aufregt, dass alle Uhren gleich gehen.

Geld her – aber schnell!

„Zeit ist Geld“, das ist nicht nur das Handlungsprinzip jener, die Banken managen und leiten, es gilt auch für all diejenigen, die sie berauben. Der Bankräuber, der zu Fuß oder mit dem Fahrrad kommt, ist in vielen Fällen nicht allzu erfolgreich. An das große Geld kommt er nur sehr selten heran. Orientiert man sich an den amerikanischen Filmszenen der dreißiger und vierziger Jahre, dann muss der erfolgreiche Bankräuber motorisiert sein und sich den verfolgenden Polizisten durch einen technologischen und/oder fahrtechnischen Vorsprung überlegen zeigen. Diese Zeiten sind vorbei – zumindest für jene Bankräuber, die sich außerhalb der Leinwand bewegen. An's große Geld kommt man heute nicht durch quietschende Reifen und rasante Kurventechnik. An's große Geld kommt man durch unzulässige Manipulationen auf der Datenautobahn. Banküberfall via Online-banking ist zwar keinen Kinohit wert, aber er ist erheblich schneller und effektiver. „Während ein traditioneller Bankräuber im Schnitt 14 000 Dollar erzielt, ist die Beute der Computerganoven mit durchschnittlich zwei Millionen Dollar um ein Vielfaches höher.“ So David Rosental in dem von Klaus Schönberger herausgegebenen Band: Va Banque, Berlin 2000.

Mit den Zeiten ändern sich die Zeiten: Um beraubt zu werden, braucht man also nicht mehr länger die Hände hoch zu nehmen! Das zumindest entlastet. Schon immer war es das Ziel jener Dynamik, die wir gerne „Fortschritt“ nennen, uns zu erleichtern.

Es ändern sich die Zeiten

Die Innovationen im Rahmen der klassischen Produktionsformen bestanden in den meisten Fällen aus Beschleunigungsstrategien. Bekannteste Beispiele dafür sind das Fließband und die Computertechnologie. Mehr Output in kürzerer Zeit, das ist der angestrebte Rationalisierungsgewinn durch innovative Technologie. Solch ökonomische Logik verleiht der Formel „Zeit ist Geld", die ja unter Konkurrenzverhältnissen immer zu „Zeitvorsprung ist Geld" wird, ihre Prominenz. Zwei Ereignisse sind es, die dieser Handlungslogik heute Grenzen setzen.

Erstens: Der Zeitvorsprung ist dort, wo mit Lichtgeschwindigkeit (Glasfaser) gearbeitet wird, nicht mehr technisch realisierbar. Er ist nur noch durch eine möglichst rasche Reaktion auf die per Lichtgeschwindigkeit übertragenen Informationen herstellbar. Diese Reaktion jedoch ist in den meisten Fällen an menschliche Natur und menschliche Erkenntnismöglichkeiten gebunden. Das aber bedeutet, dass mit potenziell erhöhter Reaktionsgeschwindigkeit auch das Fehlerrisiko in entschiedenem Maße steigt und damit der Zeitgewinn, der durch den technischen Fortschritt errungen wurde, mit hoher Wahrscheinlichkeit wieder zunichte gemacht wird.

Zweitens: Im „Informationskapitalismus" unserer Tage sind es nicht mehr zuallererst die Produkte eines Unternehmens, die Beachtung finden, es ist vielmehr dessen Börsenkurs. Das aber bedeutet, dass die Dynamiken des Börsengeschehens und deren hektische Zeitformen ins Zentrum der unternehmerischen Entscheidungen rücken. Die Börsenzeiten funktionieren zwar nach dem bekannten Muster „Zeit ist Geld", aber sie funktionieren nicht nach dem Prinzip „Schnelligkeit garantiert höhere Gewinne". Wer an der Börse erfolgreich sein will, braucht eine hohe Sensibilität für den richtigen Augenblick, d. h. für die Kombination von Schnelligkeit und Langsamkeit, von Warten und Beschleunigen. Es sind nicht nur schnelle Zeiten, die an der Börse Geld bedeuten, sondern es ist auch die erfolgreiche Kombination unterschiedlicher Zeitformen. Wer in Börsengeschäften nicht warten kann, verliert viel Geld – und dies sehr schnell.

Ein kaiserliches Täuschungsmanöver

Wie man sich doch irren kann! Wilhelm II. – wegen seiner launischen, aufbrausenden Art vom Volke auch „Wilhelm der Plötzliche“ genannt – gab der Erfindung des Autos keine große wirtschaftliche Zukunft. Er sah vielmehr im Automobil nur eine vorübergehende Erscheinung. Diesbezüglich zeigte er sich äußerst zukunftsschwach und entschied in selbstherrlicher Realitätsverkennung: „Ich setze weiter aufs Pferd.“ Diese Fehleinschätzung ist nicht gut für ihn ausgegangen.
Für's Erste jedenfalls.

Inzwischen wissen wir:
Die Zeit fährt Auto. Doch kein Mensch kann lenken.
ERICH KÄSTNER

Es soll ja wieder mehr Pferde geben.

Das Selbstbedienungsprinzip

Wir hätten es wissen können, wenn wir nur etwas genauer hingesehen hätten. Vor etwa 40 Jahren haben wir das Selbstbedienungsprinzip eingeführt, zuallererst beim Einkaufen und an der Tankstelle. Wir haben das damals als einen doppelten Fortschritt gefeiert: Einerseits als eine kostengünstige Alternative zum Bedientwerden, andererseits als einen Zuwachs an Wahlfreiheit. Ein solch zweifach verlockendes Angebot kann eigentlich nur ein großer Erfolg werden – und in der Tat, er ist es auch geworden. Selbstbedienung hat sich epidemisch ausgebreitet. Besonders erfolgreich wurde sie in den Hotels: Weit und breit kein Frühstück, dem nicht mindestens 25 Entscheidungsprozesse vorausgehen. Die Freiheit der Wahl hat dort einen leeren Magen. Alle Entscheidungsunfähigen und Entscheidungsunwilligen laufen Gefahr, zu verhungern und zu verdursten. Vielleicht ist dieses ja die neu gewonnene Alternative, die wir als eine begrüßenswerte Erweiterung unseres Freiheitsspielraumes feiern.

Neuerdings werden wir auch beim Lernen zu dieser Freiheit gezwungen. Niemand sagt uns mehr, was wir lernen sollen. Mit gesellschaftlicher Ächtung aber wird allen gedroht, die nicht lebenslang lernen wollen. Deshalb auch tun sich die Klugen diese Freiheit selber an, während jene, die nicht genügend lernen und wenig gelernt haben, zu solcher Freiheit gezwungen werden müssen.

Das allergrößte Freiheitsversprechen besteht heute aber darin, dass wir selbst über die Zeitpunkte unseres Handelns bestimmen können. Keine Ladenschlusszeiten mehr, bald auch keine Werktage mehr, die durch irgendwelche „freiheitsraubenden" Sonn- und Feiertage unterbrochen werden. Schluss auch mit dem aufgedrängten, fremdbestimmten Sendeschluss im Fernsehen. Jetzt endlich ist die Freiheit auch unterhalb der Wolkendecke grenzenlos. Und was haben wir davon? Zumindest haben wir die freie Wahl zwischen all den vielen Beratern und Beraterinnen. Sie versprechen uns bei unseren vielen Entscheidungsmöglichkeiten, besonders aber bei deren Einschränkung, zu helfen. Sie jedenfalls wissen, dass der Mensch nicht die Krone der Schöpfung, sondern die der Erschöpfung ist. Dieser Sachverhalt nämlich sichert ihnen ihr Ein- und Auskommen.

Belastende Entlastung

Ach, was wird uns nicht alles zur temporären Entlastung angeboten: Mobiltelefone, Faxgeräte, Computer aller Art, Autos in allen Klassen, Typen und Farben mit und ohne satellitengestütztem Verkehrsleitsystem und demnächst sogar mit Internetanschluss. Und wenn wir diese entlastenden Geräte angeschafft haben, merken wir nach kurzer Zeit, dass wir uns von dieser Form der Entlastung eigentlich wieder gerne entlasten würden. Also daten wir uns selbst up. Aber dazu muss man erst neue Belastungen und etwas mehr als den üblichen Zeitdruck auf sich nehmen. Zuallererst ist es dabei notwendig, wenigstens eine minimale Orientierung im Dschungel der Angebote zu erlangen. Am besten man lässt sich beraten – aber dies ist ja auch nicht ohne zusätzlichen Zeitaufwand zu schaffen.

Hat man dann endlich Orientierung gefunden und eine Kaufentscheidung getroffen, steht die zeitintensive Anstrengung an, sich selbst upzudaten; zu deutsch, man muss sich ans Lernen machen. Lernt man dann etwas, merkt man sehr schnell, dass man noch mehr lernen müsste. Denn andere, mit denen man all das Neue lernt, wissen immer mehr, als man selbst gerade weiß. Ein Ende des Lernens ist nicht in Sicht, denn dann, wenn man schließlich seinen Weiterbildungskurs erfolgreich hinter sich gebracht hat, wurde die Technik, die ja der Anlass des Lernprozesses war, bereits wieder revolutioniert. Erlebt man das mehrmals, drängt sich die Einsicht auf, dass die Technik vielleicht doch nicht dazu da ist, die Menschen zu entlasten, eher für's Gegenteil. Vielfach belastet uns nichts so sehr wie die überall offerierte technisch aufgerüstete Entlastung. Nur um den Preis neuer Torturen ist sie zu erlangen.

Die Zeiten des Balkans

Zeitvielfalt geht mit Kulturvielfalt und häufig mit religiöser Vielfalt einher. Das ist nirgends überzeugender beschrieben als bei Ivo Andrić in dessen „Brief aus dem Jahre 1920". Ein Text, der aus heutiger Sicht traurig stimmt, da er belegt, wie ethnische Säuberung kulturell-akustische Zeitvielfalt vernichten kann.

Wer in Sarajevo die Nacht durchwacht, kann die Stimmen der Nacht von Sarajevo hören. Schwer und sicher schlägt die Uhr an der katholischen Kathedrale: zwei nach Mitternacht. Es vergeht mehr als eine Minute (ich habe genau 75 Sekunden gezählt), und erst dann meldet sich, etwas schwächer, aber mit einem durchdringenden Laut die Stimme von der orthodoxen Kirche, die nun auch ihre zwei Stunden schlägt. Etwas später schlägt mit einer heiseren und fernen Stimme die Uhr am Turm der BEG-Moschee, sie schlägt elf Uhr und zeigt elf gespenstische türkische Stunden an nach einer seltsamen Zeitrechnung ferner, fremder Gegenden. Die Juden haben keine Uhr, die schlägt, und Gott allein weiß, wie spät es bei ihnen ist, wie spät nach der Zeitrechnung der Sepharden und auch derjenigen der Aschkenasen. So lebt auch noch nachts, wenn alle schlafen, der Unterschied fort, im Zählen der verlorenen Stunden dieser späten Zeit. Der Unterschied, der all diese schlafenden Menschen trennt, die im Wachen sich freuen und traurig sind, Gäste empfangen und nach vier verschiedenen, untereinander uneinigen Kalendern fasten und alle ihre Wünsche und Gebete nach vier verschiedenen Liturgien zum Himmel senden. Und dieser Unterschied, der manchmal sichtbar und offen ist, manchmal unsichtbar und heimtückisch, ist immer dem Hass ähnlich, sehr oft aber mit ihm identisch.

Schon wieder ändern sich die Zeiten

Auch die Zeit kommt nicht umhin, sich immer mal wieder zu verändern. Bisher war sie ja nur dafür verantwortlich, dass sich so vieles veränderte und dass sich in der letzten Zeit immer rascher immer mehr verändert hat. Nun ist sie bei der Veränderung selber dran. Sie wird in die von ihr maßgeblich initiierten Veränderungsprozesse selbst mit hineingezogen.

Im Zusammenhang mit jenen Dynamiken, die wir gerne mit dem Etikett der „Globalisierung" versehen, wird es für weltweit tätige Unternehmen interessant und wichtig – weil kostensparend – dass überall auf der Welt die gleiche Zeit gilt und das bedeutet, dass die existierenden Zeitzonen aufgelöst werden. Termine und Fristen müssen dann nicht mehr auf die jeweilige Ortszeit hin berechnet und angepasst werden. Auch für den privaten Surfer im Internet reduziert sich der Aufwand, die Zeiten für den nächsten Chat-Termin zwischen Los Angeles und Berlin koordinieren zu müssen. Das Leben im Netz wird einfacher, billiger und schneller – ob's besser, schöner und angenehmer wird, das wissen wir nicht; aber, wie so oft, hoffen wir es.

Der Sohn des Präsidenten der weltbekannten Uhrenfirma „Swatch", Nicolas Hayek jun., präsentiert unter dem suggestiven Motto: „Eine Revolte gegen die Zeit" ein neues Zeitmaß für's Leben, Arbeiten und Surfen im Internet. Dessen herausragendes Charakteristikum besteht darin, auch den allerletzten Bezug unserer Zeitordnung zu den kosmischen Zyklen und den natürlichen Rhythmen auszumerzen. Der Tag wird nicht mehr nach Stunden, Minuten und Sekunden eingeteilt, die Woche nicht mehr in Tage, der Monat nicht in Wochen und das Jahr auch nicht mehr in Monate. Ersetzt wird diese Vielfalt durch das einfältige Internet-Zeitmaß „Beat“. Nicolas Hayek dazu wörtlich in einem Interview in der Wochenzeitung „Die Zeit“: *Das Netz ist abstrakt, es gibt keinen Morgen und keine Nacht. Es ist eine Welt ohne Grenzen, in der es keine Rolle spielt, wo der Kommunikationspartner sitzt. Wenn ich jemanden morgen im Internet treffen will, dann fragt der andere: Moment, um 14.00 Uhr? Wo bist du eigentlich? Und wir müssen über etwas kommunizieren, das völlig unlogisch ist in diesem System. Wenn ich ihm sage, wir treffen uns um 500 Beats, ist das unmissverständlich. Und es ist meine persönliche Angelegenheit zu wissen, welche Tageszeit bei mir ist. Die Beats sind ein Hilfsmittel, um das Leben in dem System Internet ein wenig zu vereinfachen.*

Können und sollen wir jetzt die lieb gewonnenen Zeitmaße Sekunde, Minute, Stunde und schließlich auch noch den Tag vergessen? Sind es die Beats, die uns in die Welt der Bits katapultieren? Auf jeden Fall scheint das, was wir bisher als „Weltzeit“ bezeichneten, für das Internet-Zeitalter nicht mehr viel zu taugen. Allem Anschein nach ist die Einteilung der Welt in 24 Zeitzonen, die 1894 auf den Weg um den Globus gebracht wurde, für den Vereinheitlichungsbedarf des Internets ungeeignet. Zu sehr zeigen solche Territorialzeiten noch die Spuren des Ortszeitalters, bei denen nationale Grenzen mit Zeitgrenzen zusammenfielen. Die Zeit der Zeitzonen scheint abgelaufen. Zeitimpulse statt Zeitzonen, das ist die konsequente Weiterentwicklung jener zeitlichen Vereinheitlichungstendenz, die mit der Verbreitung der mechanischen Uhr und dem damit zusammenhängenden Mentalitätswandel ihren Siegeszug angetreten hat. Wenn mit Lichtgeschwindigkeit in globalem Ausmaß, also distanzlos informiert, kommuniziert, gehandelt und produziert wird, dann ist das mühevolle Synchronisieren von unterschiedlichen Uhrzeiten nur mehr lästig. Zudem ist es überflüssig, wenn alles gleichzeitig überall geschieht. Werden die Grenzen aufgelöst bzw. lösen sie sich von selbst auf, tendieren wir zur Weltgesellschaft. Dann hat die Uhrzeit als wichtiges Symbol nationaler territorialer Eigenständigkeit ausgedient. Die Systemzeit des Internet löst sie ab. Dass dafür der englischsprachige Ausdruck „Beat" benutzt wird, stimmt mit der Logik der Absicht überein.

Die Beats sind, wie die Sprache „Englisch" inzwischen ja auch, ein postmodernes Zeit-Esperanto. Der Neuigkeitswert dieses Weltzeitmaßes hält sich jedoch in Grenzen. Die Internet-Zeit ist bei genauem Hinsehen in vielerlei Hinsicht nichts weiter als eine auf den neuesten Stand gebrachte Uhrzeit. Auch sie dient, wie die Uhr ja ehemals auch, der Beschleunigung. Auch sie fördert, wie die Uhrzeit, die Abstraktion der Zeitverhältnisse. Profitable Zeitrationalisierung ist der Zweck der Erfindung der Internet-Zeit. Wiederum sind es die Händler, die die Ablösung des lebensbestimmenden Zeitmaßes vom Zyklus des Wechsels von Tag und Nacht und auch die vom identifizierbaren Territorium betreiben. So wie es auch ehemals die Kaufleute waren, die vor 500 Jahren für die Verbreitung der Uhrzeit sorgten, sind sie es auch heute wieder. Die totale und die globale Vernutzung der Zeit ist der Sinn der Beats. Das macht die Internet-Zeit zwar als Neuheit interessant, lässt sie aber unter anderem Blickwinkel auch recht alt aussehen. Heute, wo alles schneller und damit früher auf uns zukommt, aber auch ebenso hastig wieder verschwindet, beschleunigt sich der „alte“ Takt. Eben dafür wurden die Beats entwickelt. Zumindest ist der Name dieser neuen Zeitrechnung gut gewählt.

Aber Vorsicht: Das Ende des Uhrwerkdenkens ist nicht identisch mit der Befreiung vom Takt. Die Internet-Zeit signalisiert nicht viel mehr als die Vernichtung auch der letzten Symbole dafür, dass das Leben grundsätzlich rhythmisch strukturiert ist. Die Restbestände der Anschaulichkeit einer lebendigen Rhythmizität werden damit aus unserer herrschenden Zeitordnung eliminiert. Wenn die Freiheit, so eine Definition von Thomas Hobbes, „nichts anderes (ist) als die Abwesenheit von allem, was die Bewegung hindert“, dann hat man mit dieser neuen Zeitrechnung, die den Tag in 1000 Schläge einteilt, zweifelsohne einen Schritt nach vorne gemacht. Verhaftet aber bleiben auch die Beats den abendländischen Rationalitätskriterien, ja, sie vollziehen diese endgültig und flächendeckend.

Den gesamten Globus taktförmig zu organisieren, das mag ein „Fortschritt“ sein, eine „Revolte gegen die Zeit“ ist es jedoch nicht. Es sei denn, Revolten würden jene Entwicklungen und Tendenzen in konsequenter Art und Weise weiterführen, die bereits existieren. Daher ist das Innovationspotenzial der Internet-Zeit, wie immer sie auch aussehen mag und in welcher Form sie die Zeit standardisiert und uniformiert, äußerst begrenzt. Sie wird, wenn überhaupt, in der Zukunft nur zu einem unter mehreren zeitlichen Orientierungsmustern werden. Aber sie vermag, und das ist nicht wenig, die Menschen daran zu erinnern, dass die Zeitordnungen seit der Moderne von ihnen selbst gemacht werden. Das heißt, dass man sich auch ganz andere Zeiten, andere Zeitmaße und abweichende Zeitordnungen ausdenken kann und diese dann eventuell sogar praktisch werden könnten. Es muss ja nicht gleich der 28-Stunden-Tag sein. Nur Mut!

Merke: Wer eine Uhr besitzt, weiß die genaue Zeit, wer zwei hat, ist sich dessen nicht mehr sicher! Oder: Wer in einer einzigen Zeitordnung lebt, weiß was die Stunde geschlagen hat, wer in mehreren Zeitordnungen lebt, hat Entscheidungsmöglichkeiten.

Die Eroberung der Zeit

Der Raum ist erobert. „Globalisierung“ ist die gebräuchliche Formel, mit der uns die immer wieder freudig begrüßte Nachricht übermittelt wird, dass wir in Sekundenschnelle an fast jedem Ort der Welt sein können – und dies sogar ohne unsere Beine zu belasten. Ohne wahrnehmbaren Zeitverlust sind alle Plätze dieses Globus kommunikativ erreichbar. Die Zeit spielt nur mehr eine Nebenrolle. In Echtzeit, d.h. ohne Zeitverzögerung, vollziehen wir in der www-Kultur unsere Ortsveränderungen. Aber das reicht uns nicht. Wenn wir schon „Herren der Zeit“ sind, dann auch umfassend.

Unsere subjektive Zeit liegt irgendwo zwischen jenen Zeiten, die vor unserer Zeit existierten, und jenen, die nach unserem Tod kommen werden. Das wird als lästige Einschränkung unseres Freiheitsbedürfnisses erlebt. Die Menschen wurden daher seit alters immer wieder dazu angespornt, sich Zeitreisen auszudenken. Nicht zuletzt hat das Medium Film, das ja wie kein anderes ermöglicht, mit Zeit zu experimentieren, dieser überzeitlichen Neugier seine Attraktivität zu verdanken. Inzwischen sind die Medien noch einen Schritt raffinierter geworden. „Multiplex“ verheißt uns Kultur-Reisen in andere Zeitalter. Wir können Michelangelo beim Ausmalen der Sixtinischen Kapelle zusehen, die Schlacht bei Waterloo als Zaungast miterleben und uns über die Welt nach dem Einschlag eines riesigen Meteoriten gruseln. Wer alles in dieser Welt bereits gesehen hat, und das werden immer mehr, dem bleiben nur noch Zeitreisen in vergangene und zukünftige Welten oder solche zu den eigenen Abgründen. Für die Zeitreisen in die Vergangenheit und in die Zukunft sorgen die Computer-, die Tourismus- und die Freizeitindustrie, für diejenigen in die eigene Unterwelt sorgt das Beratungsgewerbe. In diesem Falle zumindest stimmt die Gleichung: „Zeit ist Geld" – auch wenn's um die Zeitlosigkeit geht.

Zeit der Aufklärung

Das, was wir „Fortschritt" nennen, wurde ehemals durch das philosophisch-politische Konzept der Aufklärung fundiert. Die Französische Revolution, die ja mit viel aufklärerischer Gewalt eine aufgeklärte neue Zeitordnung etablierte, gilt als das politische Großereignis jener praktisch gewordenen Idee, die von Kant als Schritt aus der „selbst verschuldeten Unmündigkeit" beschrieben wird. Die Freiheit von Willkürherrschaft, die Abschaffung des Aberglaubens und der Unvernunft waren die erklärten Ziele dieses epochalen Aufbruchs. Mit dem Rückenwind dieser Absichten hat man auch den traditionellen Umgang mit der „Zeit" zum Thema gemacht, um schließlich souverän und aufgeklärt über diese bestimmen zu können. Heute werden wir mit der Dialektik dieser Aufklärung konfrontiert. Wir erkennen, dass wir die „Zeit" zwar zum Thema gemacht haben – und dies heute immer häufiger tun –, wir erfahren aber auch, dass wir zunehmend mehr von ihr abhängig werden. Das Nachdenken über „Zeit" ist nämlich selbst zeitlich. Es kostet Zeit. Diese wiederum fehlt uns, wenn wir sie leben wollen. Und weil wir diesen Widerspruch immer wieder erleben, hoffen wir ihn mithilfe der analytischen Vernunft lösen zu können – aber auch das kostet Zeit. So ist das vernünftige Nachdenken über „Zeit" schließlich zu jener Unvernunft geworden, die wir durch diese zu bekämpfen versuchen.

Der sinnliche Mensch kann nicht tiefer als zum Tier hinabstürzen, fällt aber der aufgeklärte, so fällt er bis zum Teuflischen herab und treibt ein ruchloses Spiel mit dem Heiligsten der Menschheit. Schiller in einem Brief an den Prinzen von Augustenburg am 13.7.1793.

Nicht mehr länger ist es heute Aufgabe, uns aus der selbst verschuldeten Unmündigkeit zu befreien, vielmehr müssen wir uns von den Folgen unserer selbst verschuldeten Mündigkeit frei machen.

Versuch und Irrtum

Durch „Versuch und Irrtum“ hat sich die Welt entwickelt und die Zivilisation ebenso. Das Prinzip von „Versuch und Irrtum“ hat aber nur deshalb zum Erfolg geführt, weil es in seinem Zeitmuster auf Erfolg hin ausgerichtet war und den Irrtum auch als Irrtum erkennen ließ. Heute haben wir durch die Beschleunigung einen kritischen Punkt erreicht, an dem das Entwicklungsmodell „Versuch und Irrtum“ nicht nur zum Erfolg, sondern zunehmend häufiger auch zum Irrtum führt. Wir nehmen uns immer weniger Zeit für unsere Fehler und Irrtümer. Beim Einsatz von Medikamenten, von Futtermitteln, bei der Fabrikation von Autos und anderer Gerätschaften wird offensichtlich, dass das richtige Zeitmaß, das den Erfolg des evolutorischen Prinzips bisher sicherte, leichtsinnig unterlaufen wird. Der Irrtum, nicht der Erfolg wird bei dieser kurzfristigen Beschleunigungshektik nur allzu häufig prämiert.

Man kann die Anwendung des Prinzips von Erfolg und Irrtum zwar beschleunigen, aber immer nur um den Preis, dass wir dabei auch die Wahrscheinlichkeit des Irrtums erhöhen und diesen schließlich mitbeschleunigen. Bevor wir unseren Computer beispielsweise beherrschen, ist die nächste Generation bereits auf dem Markt. Bevor der Landwirt die Ergebnisse des neuesten Zuchtfortschritts erkennen kann, steht der nächste ins Haus. Bevor die Verfütterung von Tiermehl an Rinder ausreichend getestet wurde, wird sie bereits grenzenlos und unbegrenzt angewendet. M. Schneider warnt davor:

Die Zucht verliert mit dem Übermaß an Tempo und Eingriffstiefe ihren ko-evolutiven Charakter, der sie bislang als Kulturleistung auszeichnete. Es ist kein Zufall, dass nicht mehr der Landwirt an der züchterischen Weiterentwicklung seiner Pflanzen und Tiere arbeitet, sondern die Wissenschaft und die Großkonzerne, die bislang noch nie durch besondere Naturnähe aufgefallen sind. Ohne im Einzelfall die Fehlermeldungen der Natur abzuwarten oder bar zu registrieren und ohne einen Blick auf andere, vielseitigere und gemächlichere Entwicklungspfade zu werfen, befinden wir uns sozusagen in einem züchterischen Blindflug oder besser gesagt: auf dem Instrumentenflug, bei dem leider nicht offen ist, wohin die Reise geht und wer auf der Strecke bleibt.[2]

Das betrifft die gesamte Natur – damit auch uns Menschen.

2 M. Schneider: Die Folgen des Erfolges. In: Schneider, M./Geißler, Kh./Held, M. (Hrsg.): Zeitfraß. Politische Ökologie. Sonderheft 8, München 1995.

Pünktliche Verspätung

Frust und Trost sind zwei Geschwister, die sich gut vertragen. Nicht zuletzt sorgen unsere technisch versierten Mitmenschen dafür, dass das so ist und auch so bleibt. Die Menschheit, zumindest jene, die sich das Attribut zuerkennt, in den „entwickelten" Ländern zu leben, leidet unter Verspätungen. Aber nicht schon immer. Verspätungen gehören zu den *modernen* Leiden.

Die Verspätung ist das nicht gewollte, das ungezogene Kind der Beschleunigung. Erst seitdem man beschleunigt, kann man zu spät kommen. Vorher kam man zur richtigen oder zur falschen Zeit, aber nicht zu spät. Nachdem sich schließlich im Verlauf unserer höchst erfolgreichen Beschleunigungsanstrengungen die Beschleunigung selbst weiterbeschleunigte, wurde das Zuspätkommen zur Normalität des Alltagslebens. Es ist ein nicht mehr wegzudenkender Teil unserer Existenz, deren Freiheitsspielraum ja zu einem gewichtigen Teil darin besteht, immer wieder entscheiden zu dürfen, wann, wo und wie man zu spät kommt. Aber auch diese Entscheidungen unterliegen dem Beschleunigungsdruck. Je schneller wir werden – und wir wollen und müssen immer schneller werden – umso weniger gelingt es uns, pünktlich zu sein. Aber immer noch sitzt uns die ehemals mit viel Aufwand anerzogene Pünktlichkeitsmoral im Nacken. Sie sorgt für das schlechte Gewissen beim Zuspätkommen. Entlastung aber ist in Sicht.

Wiederum sind es jene Techniker, denen wir ja auch die Gerätschaften, die uns zur Pünktlichkeit nötigen, verdanken, die uns Lösungen versprechen. Sie befreien uns nun vom Frust des Zuspätkommens. Jüngst gelang es ihnen, Instrumente zu entwickeln, um die Verspätungen pünktlicher zu machen. Wer Veränderungen in unseren Großstädten wahrzunehmen fähig ist, entdeckt neuerdings so genannte „Systeme dynamischer Fahrgastinformationen", die die zur Mobilität verurteilten Bewohner in optisch ansprechender Art und Weise über die großen und kleinen Verspätungen der öffentlichen Verkehrsmittel minutengenau informieren. Dieser Service beruhigt, ja er tröstet alle Fahrgäste über die eingetretenen Verspätungen hinweg, obgleich sich an dem Sachverhalt, dass das erwartete Verkehrsmittel zu spät ist, überhaupt nichts ändert.

Im Person-zu-Person-Verkehr hat das Mobiltelefon diese trostreiche Funktion übernommen. Vielleicht nennen wir es ja deshalb auch so liebevoll verniedlichend unser „Handy". Mit dessen Hilfe kündigen wir pünktlich unsere Verspätungen an, verändern kurzfristig verabredete Termine und informieren die jeweiligen Gesprächspartner über die Gründe des Zuspätkommens. So kann man sich heute verspäten und sich doch gleichzeitig vom Vorwurf befreien, man sei nicht zuverlässig.

Nicht mehr länger sind Verspätungen ein Problem mit dem wir zu kämpfen haben, es sind die Möglichkeiten bzw. die Unmöglichkeiten, diese pünktlich zu machen und die dann pünktlich gemachten Verspätungen zu kommunizieren. „Komm wann du willst, aber sei pünktlich", lautet das Leitmotiv unserer modernisierten Moderne. Einfacher wird das Leben hierdurch nicht. Denn in Zukunft werden sich wahrscheinlich jene Informationen verspäten, die uns versprechen, die Verspätungen pünktlicher zu machen.

P.S.: Was jetzt noch fehlt, ist eine Technologie, die über die „Verfrühung" informiert, dann würde es auch keine Irritation mehr darstellen, dass das Oktoberfest überwiegend im September stattfindet.

Mal angenommen

Mal angenommen, der heilige Augustinus, der Vater aller Zeit-Diskurse, käme heute auf die Erde zurück und würde sich all das Gehetze, das Drängeln und das viele Hin- und Herfahren ansehen. Dann würde er – vorausgesetzt es verschlüge ihm dabei nicht die Sprache – denen, die ihn geschickt haben, Folgendes berichten: „Die Menschen gehen hin und bewundern die Schnelligkeit, sie erfreuen sich an den dahinrasenden Verkehrsmitteln und streben danach, alles immer und zu jeder Zeit haben zu wollen – aber sie vergessen darüber sich selbst."

TAKT LOS
TLG

Was hat uns die Beschleunigung gebracht?

Was hat uns die Beschleunigung gebracht?
Manch Wichtiges, viel Nützliches, aber nicht weniger Probleme und – da scheiden sich die Geister – mehr oder weniger Lebensqualität.

Auffällig ist jedoch, dass sich unsere Möglichkeiten, zu spät zu kommen, erheblich vergrößert haben, und deshalb hat sich auch unser Repertoire an Ausreden für diesen Sachverhalt und für den Vorwurf, die Zeit nicht immer voll zu nutzen, erweitert. Die wohl skurrilste Ausrede ist Ava Gardner, der vielfach verheirateten, großen Schauspielerin eingefallen. Als Scheidungsgrund gab sie bei der Trennung von einem ihrer Ehemänner aufgrund seelischer Grausamkeit vor Gericht an, dieser hätte sie gezwungen, Thomas Manns „Zauberberg" zu lesen. („He forced me to read this damned book!")

Keine allzu schlechte Argumentation, zumal das berühmte Sanatorium inzwischen, je nach Perspektive, zum Sporthotel herunter- oder heraufgekommen ist.

Subventionierte Zeiten

Vor etwa 250 Jahren hat Benjamin Franklin die Formel „Zeit ist Geld“ in Umlauf gesetzt. Die Gleichung ist nicht nur deshalb so erfolgreich, weil sie so häufig geäußert wird. Ihre Karriere verdankt sie zuallererst dem Sachverhalt, dass sich das gesellschaftliche, das ökonomische und das individuelle Handeln in überaus starkem Maße daran orientiert haben. Allein, was das ökonomische Handeln betrifft, hat diese Formel eine kleine, aber entscheidende Ungenauigkeit. Nicht „Zeit ist Geld“, sondern „Zeitvorsprung ist Geld“ heißt die Erfolgsformel der Ökonomie. Wir leben nämlich in einer Wettbewerbsgesellschaft, bei der es zuallererst darum geht, in der Konkurrenz vorne zu liegen. Das heißt in den meisten Fällen, schneller als andere sein zu wollen und zu müssen.

Erfolgreich sind jene, denen es gelingt, Produkte schneller herzustellen, sie rascher auf den Markt zu bringen und bei der Entwicklung neuer Produkte der Konkurrenz voraus zu sein. Dass solch beschleunigungsorientiertes konkurrierendes Verhalten zum Wasserzeichen der Ökonomie wurde, zeigt sich besonders in jenen Wirtschaftsbereichen, die diese Beschleunigung nicht mitmachen konnten. Am offensichtlichsten ist dies in der Landwirtschaft. Auch sie steht unter dem Druck, die Schöpfung ausschließlich auf deren Wertschöpfungspotenzial hin zu betrachten und zu nutzen. Trotz aller technischer Aufrüstung sind die Bauern aber immer noch auf Naturzeiten, auf die Rhythmen des Natürlichen angewiesen. Reifeprozesse beispielsweise sind, obgleich dies vielfach, neuerdings auch gentechnologisch, versucht wird, nicht beliebig manipulierbar. Die Kühe sind in skandalöser Art und Weise am Ende ihrer Beschleunigung angekommen.

Das tut weder ihnen noch den Menschen gut. Auch die mit Wachstumsbeschleunigern ernährten Schweine „rechnen“ sich nicht mehr länger. Mit den Worten von Franz Kafka ist resignierend festzustellen: „Solche Schwierigkeiten hat der Mann vom Lande nicht erwartet ...“

Viele Abläufe bei naturnahen Tätigkeiten haben ihre je eigene Zeit. In heutigen Zeiten ist so etwas „geschäftsschädigend“. Daher kann die Landwirtschaft nur noch subventioniert überleben, obgleich sie doch gerade das herstellt, was unser Überleben sichert. Seltsame Zeiten. Das Leben, ein Fall für die Subventionsbürokratie.

Zeitillusionen der modernisierten Moderne

Was unseren Umgang mit der Zeit betrifft, speziell denjenigen, der perspektivisch auf die Zukunft hin ausgerichtet ist, so lässt sich eine undifferenzierte Polarisierung der Diskussion beobachten. Mehrheitlich wird noch mehr Beschleunigung und eine weitere Steigerung der Schnelligkeit gefordert. Nicht zuletzt um die Wirtschaftskraft unseres Landes durch eine erhöhte Produktion von Sturzhelmen, Sicherheitsgurten, Airbags und schnell wirkenden Bremssystemen zu steigern. Andererseits erfreut sich auch das „Lob der Langsamkeit“ zunehmender Beliebtheit. Die Vertreter beider Parteien argumentieren bezüglich ihrer Position mit dem gleichen Argument. Sie erhoffen sich beide eine Erweiterung der Zeit-Freiheit. Die Beschleuniger entdecken in jedem Tempolimit die Bedrohung ihrer vermeintlichen Freiheit, noch schneller als bisher an möglichst jedem Ort ihrer Wahl sein zu können. Ihr Fürsprecher ist Thomas Hobbes, der die Definition in die Welt setzte: „Die Freiheit ist nichts anderes als die Abwesenheit von allem, was die Bewegung hindert.“

Die Verlangsamer hingegen erleben das Fehlen von Tempolimits als Einschränkung ihrer Freiheitsvorstellung, sich so zu bewegen, wie es ihr natürlicher Rhythmus und wie es die begrenzten technischen Möglichkeiten des Fahrrads vorgeben. Sie sind der Überzeugung, dass der Mensch von Natur aus nur für verkehrsberuhigte Zonen geschaffen sei.

Einige Personen – speziell Politiker werden diesbezüglich auffällig – wechseln rasch von einer Position zur anderen. So beispielsweise der derzeitige Kanzler unserer Republik, der in einem Spiegel-Essay kurz vor seiner Wahl beklagte, dass die

Deutschen zu langsam wären. Hundert Tage nach seinem Amtsantritt hingegen bilanzierte er, anscheinend lernbereit aufgrund schneller Erfahrungen, dass alles zu schnell ginge, und gab als Maxime für seine weitere Amtszeit aus: „Gründlichkeit geht vor Schnelligkeit."

Der Verdacht ist nicht von der Hand zu weisen, dass es bei dieser polarisierenden Form der Auseinandersetzung zwischen Schnelligkeitsfanatikern und Langsamkeitseuphorikern letztlich nicht um mehr Freiheit, sondern um mehr individuelle, d.h. egoistisch nutzbare Freiheiten geht. Dies wird besonders bei jenen Personen offensichtlich, die sich aufmachen, um an einem weit entfernten Ort das langsame, stressfreie Leben zu zelebrieren und zu genießen, aber dann in Hektik verfallen, wenn das Flugzeug, das sie dorthin bringen soll, drei Stunden später als vorgesehen abfliegt. Auch dem Kanzler geht es mehr ums Individuelle als ums Generelle: Vor der Wahl muss alles schneller gehen, damit man rascher an die Regierung kommt, und nach der Wahl soll's dann langsamer gehen, damit man nicht so schnell wieder vom Regierungsamt weg ist.

Die temporale Polarisierung bringt uns nicht weiter, zumal beide Parteien im Grunde das gleich Unmögliche anstreben. Beide suchen sie nach irdischer Ewigkeit, nach Zeitlosigkeit. Dies aber auf gegensätzlichen Wegen.

Die Beschleunigungsfanatiker tun dies, indem sie möglichst viel in das ihnen zu kurz vorkommende Leben packen. Sie gestalten ihre Existenz nach dem Prinzip: „Es muss im Leben mehr als alles geben." Rastlos durchqueren sie den Raum, neuerdings auch den virtuellen, und pflegen dabei die Illusion, nicht zu altern, nicht von der Zeit besiegt zu werden. Sie pflegen die Meinung, die Zeit besiegen zu können.

Die Verlangsamer gehen einen anderen Weg zum gleichen Ziel. Die Zeit, und das ist subjektiv gesehen immer die eigene Lebenszeit, soll sich verlangsamen, um den abzusehenden Tod hinauszuzögern. Die Entschleuniger pflegen die stille Hoffnung, dass sich Langsamkeit tendenziell in Zeitlosigkeit, also letztlich in Unsterblichkeit, verwandelt. Sie treibt der Wunsch, die Endlichkeit mittels Langsamkeit überlisten zu können.

Beide Illusionen werden gepflegt, und es wird auch viel daran verdient. Sie zählen daher zu den äußerst erfolgreichen und folgenreichen Zeitillusionen der modernisierten Moderne. Deshalb auch bleiben sie uns noch längere Zeit erhalten.

Zeit in Dosen

Alles zu jeder Zeit, sofort und überall – das ist der Traum vom Paradies. Wir sind auf dem langen Weg zu dessen Realisierung zweifelsohne ein Stück vorangekommen. „Instant“ ist die englischsprachige Zauberformel für die Versofortigung des Später. Der Instant-Kaffee, dessen Prinzip Karriere gemacht hat, scheint uns überzeugt zu haben. Das Mobiltelefon lässt uns heute zu allen Zeiten und an allen Orten Instant-Kontakte herstellen. Und neuerdings, das ließ die Konsequenz der Dynamik erwarten, realisieren wir das Instant-Prinzip auch bei der Zeit selbst. Zu jeder Zeit, immer und überall, Zugriff auf die Zeit: Nichts anderes tun wir, wenn wir Nachrichten auf Mailboxen sprechen. Das Gleiche machen Unternehmen, wenn sie auf hochflexible Abrufkräfte (und deren Arbeitszeit) zurückgreifen. Der Mensch, eine wandelnde Zeitreserve, die über das Lebensarbeitszeitkonto abgeschrieben wird. Zeit in Dosen und demnächst wohl auch in Wasser auflöslicher Tablettenform. Das Paradies ist furchtbar nahe.

Wie sicher ist die Zukunft?

Wir wenden uns heute, wenn wir in die Zukunft schauen, schon lange nicht mehr an ein Orakel. Dies hat seinen festen Ort verloren. Wahrsager, Propheten und alle jene, die uns aus den Karten die Zukunft herauslesen, sind selten geworden. Sie bereichern die stetig wachsende Rubrik der ausgestorbenen Berufe. An ihre Stelle sind gut bezahlte Prognostiker, Trendforscher und solche Menschen getreten, die für Visionen entlohnt werden. Dazu gehören auch jene, die ihre Solidität dadurch unter Beweis zu stellen glauben, dass sie sich der „Delphi-Methode" bedienen. Zwar haben sich unsere Planbarkeitsvorstellungen immer wieder als Fehlschlag erwiesen. Diesbezüglich musste man in der Geschichte so allerhand unangenehme Erfahrungen machen. Aber unser Bedürfnis nach Zukunftsgewissheit wurde hierdurch nicht im geringsten reduziert.

Die Erkenntnis, dass sich alles immer rascher ändert, die Zukunft also mit immer mehr Tempo auf uns zukommt und damit auch immer schneller veraltet, hat uns nicht davor bewahrt, diese Zukunft, in einem Ausmaß wie nie zuvor, zum Gegenstand unseres Interesses zu machen. Niemand jedoch sorgt mehr für unsere Zukunft. Also müssen wir sie selbst in die Hand nehmen. Die Versicherungsgesellschaften leben sehr gut davon. Sie versprechen uns all jene Sicherheiten, die uns niemand sonst mehr geben kann und will. Auch nicht die Landesbausparkasse, die weiterhin tapfer auf Plakatwänden unserer Zukunft ein Zuhause verspricht. Aber wollen wir wirklich unsere Zukunft bei der Landesbausparkasse enden sehen? Ein bisschen mehr, oder besser: etwas weniger, sollte es zukünftig doch sein. Nun gut, wir wissen, dass die Zukunft mit noch so ausgefeilten

Werkzeugen des Weitblicks schlussendlich nicht planbar ist. Weil wir sie in dem Bewusstsein planen, dass jeder Plan daneben liegt, sind falsche Prognosen immer noch besser als gar keine. Die Zukunft gehört nicht, wie uns allenthalben eingeredet wird, jenen, die sie gestalten; sie gehört denjenigen, die sie auf sich zukommen lassen. *Denn die Zukunft ist unvermeidlich und pünktlich; aber es mag sein, dass sie nicht zustande kommt* (BORGES).

Schnelle Berufe

Das waren noch Zeiten, in denen man einen Beruf erlernte, um ihn dann ein Leben lang auszuüben. Pfarrer und Lehrer sind die Einzigen, denen das heute noch gelingt. Immer schneller dreht sich das Berufskarussell – und auch die Arbeit wird immer schneller und wir mit ihr.

So informiert uns die Zeitschrift „Upside“ über eine Untersuchung, nach der 80 % der Programmierer nach sechs Jahren ausgebrannt und mit 35 Jahren kaum mehr vermittelbar sind. Zum „alten Eisen“ zählt man heute bereits unter 40-Jährige.

Im Bereich der Altenpflege sieht es nicht anders aus. Innerhalb von nur fünf Jahren kehren vier Fünftel der dort Beschäftigten ihrem erlernten Beruf den Rücken. Beide Berufe haben Hoch-Konjunktur. Die Nachfrage nach Arbeitskräften boomt in beiden Sektoren, eben weil der Verschleiß so hoch ist. Schnelle Berufe, schnelle Menschen, hoher Verschleiß. Ist es das, was wir uns unter einem Zukunftsberuf vorstellen?

Schulzeit

Es ist noch nicht allzu lange her, dass man erkannte, dass „Flexibilität" der treffende Ausdruck für jenes Verhalten war, an dem es den Menschen in dieser Gesellschaft mangelte. Inzwischen steht Flexibilität auf fast jedem dieser aufdringlichen Hinweisschilder, die uns den Weg in die Zukunft weisen. Warum ist das so, und was heißt es eigentlich „flexibel" zu sein?

Wer seine oder ihre Schulzeit nicht allzu schnell verdrängt hat, erinnert sich vielleicht noch daran, dass es in der ersten Klasse der Grundschule – die früher noch Volksschule hieß – zuallererst darum ging, die bis dahin gelebte Flexibilität zu verlernen. Alle Schüler und Schülerinnen mussten zur gleichen Zeit, also pünktlich, im Klassenzimmer sein und niemand durfte es schließlich früher oder später als andere verlassen (vom „Nachsitzen" einmal abgesehen). Neben diesen zeitlichen wurden auch die räumlichen Verhaltensmöglichkeiten in der Schule standardisiert. Alle Schüler und Schülerinnen mussten in weitgehend identischer Sitzhaltung den gesamten Vormittag verbringen. Wer unerlaubt aufstand oder im Klassenzimmer herumging oder sich sogar erlaubte, eine individuelle Pause zu machen, wurde ermahnt, im Wiederholungsfall, und manchmal schon vor diesem, bestraft. Die Grundschule war – und sie ist es auch noch heute – jene gesellschaftliche Institution, in der den Menschen die Flexibilität, sich in Zeit und Raum nach individuellen Maßstäben zu verhalten, aberzogen wurde. Standardisierung ist dort bis heute das Programm des heimlichen und des unheimlichen Lehrplans. Immer häufiger aber kontrastiert diese Verhaltens-Standardisierung mit den Anforderungen, die das Leben außerhalb der Schule, etwa in der Arbeitswelt, stellt.

Weil sich immer mehr immer rascher ändert, wird es problematisch, wenn, wie in der Grundschule eingeübt, alle zur gleichen Zeit am gleichen Ort sind und dort dann auch noch das gleiche tun.

Die Wechselfälle des Lebens nehmen zu, und sie treten in immer kürzeren Abständen ein. Das nötigt uns zu einem anderen, zu einem flexibleren Umgang mit der Zeit. Nicht mehr an der für alle gleichermaßen gültigen Uhrzeit gilt es sich heute im Arbeitsleben zu orientieren (daher ist ja auch die Fabriksirene zu Arbeitsbeginn und am Arbeitsende abgeschafft worden), sondern an jenen Zeiten, die ein Auftrag, ein Projekt oder ein zu bearbeitender Gegenstand benötigt. Das lässt die Schule in ihrer Funktion, auf die gegenwärtige und die zukünftige Gesellschaft vorzubereiten, „alt" aussehen. Sie wird sich umstellen müssen, um mehr oder weniger „heimlich" Flexibilität anzuerziehen. Sonst teilt sie als öffentliche Institution das Schicksal der in öffentlichen Räumen angebrachten Uhren. Sie werden abgebaut, nicht mehr gepflegt und, wenn sie funktionsunfähig wurden, nicht mehr repariert.

„Vorsitzen"

Es war schon eine etwas irritierende Strafmaßnahme einer Lehrerin, mit der ich als Vater meines 13-jährigen Sohnes jüngst konfrontiert wurde. Dieser hatte sich wieder einmal „daneben" benommen – so heißt das seltsamerweise, obgleich man nicht weiß, neben was er sich benommen hatte. Er legte mir pflichtgemäß einen Hefteintrag zur Unterschrift vor. In diesem war von der Lehrerin notiert, dass Tim am nächsten Tag um 7.10 Uhr in der Schule zu erscheinen hat, um einer Strafmaßnahme teilhaftig zu werden, die die Bezeichnung „Vorsitzen" trug.

Die Schule besitzt, so mein Eindruck, durchaus noch kreative Potenziale. Vorsitzen an Stelle des in diesem Falle gewohnten Nachsitzens. Da merkt man, dass sich die Zeiten geändert haben und die Erziehungsziele gleich mit. Vorsitzen, das ist die Realisierung des Lebensunternehmertums bzw. die Erziehung dazu. Jetzt darf man schon mit 13 Jahren vorsitzen – das ist doch was, besonders dann, wenn man wahrscheinlich später niemals mehr eine Gelegenheit bekommt, zum Vorsitzenden zu werden. Nicht für die Schule, für das Leben lernen wir. Für was auch sonst? Aber Vorsicht: Man könnte ja auch daraus lernen, dass das Vorsitzen gar nicht so erstrebenswert ist, weil es als Strafe in Erinnerung bleibt. Dann wäre die Schule doch älter, als sie es durch ihre Innovationsbereitschaft verspricht.

War da was?
Und wenn da was war, was war da eigentlich?

Wann war sie überhaupt, die Jahrtausendwende, ja wann? Gefeiert haben wir sie am Ende des Jahres 1999. Wirklich vollzogen haben wir sie am Ende des Jahres 2000. Bereits 1996 belehrte uns die zentrale Instanz unserer westlichen Zeitordnung, das königliche Observatorium von Greenwich:

Der Start ins neue Jahrtausend findet am 1. Januar 2001 statt und nicht 2000. Das heißt nicht, dass wir 2000 nicht feiern sollten. Aber wir sollen den korrekten Sprachgebrauch pflegen und vielleicht zwei Feierlichkeiten begehen. Der Grund: Die offizielle Zeitrechnung beginnt mit dem Jahr 1, nicht mit 0. Sodass das Jahr 10 immer das letzte einer Dekade, nicht das erste ist.

Das alte Jahrtausend hat demnach bis zum 31. Dezember 2000 gedauert. Wir hatten also zu früh gefeiert. Aber das passt ja in eine Gesellschaft, die dabei ist, sich selbst zu überholen, und deren größte Angst es ist, nicht schnell genug zu sein. „Nur wer schneller als die Konkurrenz ist, der gewinnt", trichtern uns die digitalen Sprinter in den Unternehmen täglich ein und treiben uns damit zu kannibalistischem Verhalten an: „Die Schnellen fressen die Langsamen", so heißt ihr Erfolgsmotto, das besonders auch alle Nicht-Leitfiguren zu berücksichtigen haben. Wir, brave und gelehrige Schüler und Schülerinnen, haben selbstverständlich gehorcht, denn wer will denn in den Verdacht geraten, wirtschaftsfeindlich zu sein. So haben wir mitgemacht und das alte Jahrtausend bereits ein Jahr vor seinem Tode zu Grabe getragen.

Gibt es einen besseren Beleg für den Sachverhalt, dass wir dann, wenn wir immer schneller und schneller werden; auch schneller am Ende sind? So gesehen haben wir es also mit einem scheintoten Jahrhundert zu tun gehabt, als wir es Ende 1999 so feierlich und laut beerdigten. Warum aber haben wir, entgegen all der vielen Hinweise von Kalendergelehrten und Astrophysikern, anders gehandelt – wo wir doch, vermeintlich, in einer Wissensgesellschaft leben? Die Antwort: Weil wir gerne glauben, auch wenn wir's besser wissen könnten. Und es sieht so aus, als glaubten wir heute, wo wir uns so informiert und aufgeklärt geben, mehr denn je. Konkret: Vom Mythos der Null haben wir uns verführen lassen und daher ein Jahr zu früh gefeiert. Dieser Mythos hat uns stärker bewegt als alle uns zur Verfügung stehenden wissenschaftlichen und mathematischen Erkenntnisse.

Wenn wir denn wirklich auf dem Weg in die Wissensgesellschaft sind und das nicht nur glauben, dann gibt es noch viel zu lernen. Nicht zuletzt, welchen Mythen wir anheimfallen. Es sind nicht die rationalen Überlegungen, die so beliebten Kalkulationen und Statistiken, die unser Leben und unsere Sehnsüchte bestimmen und bewegen, viel eher sind es die nicht ganz so rationalen Erwartungen, Verführungen und Mythen. Der Mensch ist eben ein von Bedürfnissen und nicht von Berechnungen gesteuertes Wesen. Übrigens sind sich darüber alle Anthropologen einig – ohne sich jemals darüber einig geworden zu sein.

Eines der auffälligsten und eines der gesellschaftlich folgenreichsten Bedürfnisse ist der menschliche Zäsurbedarf, der Wunsch und das Streben nach Abgrenzung. Wie sonst ließe sich in den vielen Jäger-, Maschendraht- und Lattenzäunen in unserer nahen Umgebung ein Sinn erkennen? Wie sonst könnten die häufig erniedrigenden Zoll- und Passkontrollen auf den Flughäfen und in den Fernzügen eine Rechtfertigung erfahren? Der Mensch pflegt allüberall sein Grenzbewusstsein und er lebt es in ganz unterschiedlicher Art und Weise aus. Höchst attraktiv sind deswegen auch die vielen Grenzüberschreitungen, die unserem Alltag Abwechslung verleihen. Davon lebt die Tourismusbranche, das Feuerwerksgewerbe, speziell an Silvester, und davon profitiert auch die Strafgerichtsbarkeit, die sich um das Nachbarschaftsrecht kümmert. Wie an diesen so unterschiedlichen Profiteuren der menschlichen Grenz- und Grenzüberschreitungsbedürfnisse zu erkennen ist, agiert der bedürftige Mensch diesen Zäsurbedarf nicht nur in räumlicher Hinsicht aus. Er tut es ethisch-moralisch, besonders aber auch in zeitlicher Form. Diesbezüglich bemüht er sich um Zeit-Markierungen, wie etwa Jahrtausendwenden, Geburtstage, Jubiläen. Nichts bestimmt das menschliche Verhalten grundlegender als das grenzziehende Orientierungsstreben in Raum und Zeit. Raum und Zeit nämlich sind es, das lässt sich bei Kant nachlesen, die die grundlegenden Bedingungen menschlicher Existenz ausmachen. Gehen wir dem Raum und der Zeit verlustig, tritt der wenig attraktive Zustand des Todes ein. Um das zu verhindern, setzt der Mensch im Raum und in der Zeit Markierungen. So merkt und spürt er, dass er lebt – und meist auch noch ein wenig mehr.

Eine Zahl mit drei Nullen bewegte kurzfristig die Menschheit. Sie ist, wie „runde" Geburtstage ebenso, durch den so genannten Nullmythos emotional aufgeladen. Warum eigentlich? Eine Jahrtausendwende unterscheidet durch das kalendarische Auftauchen von drei Nullen so deutlich wie keine Jahreszahl vorher (das Jahr 1000 hat fast niemand bemerkt) zwischen Altem und Vergangenem einerseits sowie zwischen Neuem, dem auf uns Zukommenden, andererseits. Der Beleg dafür liegt auf der Hand: Der Autor jenes Textes, den Sie gerade lesen, stammt ebenso wie wahrscheinlich die Leser und Leserinnen auch aus einem vergangenen Jahrtausend. Beide sehen sie in dieser Perspektive etwas „alt“ aus.

Mit der Jahrtausendwende wurde sehr viel ganz schnell alt. Ob an dessen Stelle auch sehr viel ganz schnell neu wird, ist relativ ungewiss. Auf jeden Fall provozierte das kalendarische Ereignis der Jahrtausendwende die uns alle umtreibenden Fragen: Wie geht's denn weiter? Und wohin geht's weiter, wenn's denn weitergeht?

Immer sind es Schwellenzeiten, die uns solche Nachdenklichkeiten, die ja in diesem Fall eher Vordenklichkeiten sind, aufzwingen. Und die Nullen stellen die motivierende Symbolik bereit, dies zu tun.

Es waren die Menschen selbst, die diesen Übergang in ein neues Jahrtausend gesetzt haben. Nicht die Natur und auch nicht die Sterne schreiben ihn vor. Unsere Zweifel, ob wir denn richtig gezählt haben, ob wir nicht ein Jahr zu früh, oder vielleicht überhaupt viel zu spät, gefeiert haben, machen das offensichtlich. Ebenso wie der Sachverhalt, dass fremde Kulturen und andere Religionen für den Verlauf der Geschichte gänzlich andere Berechnungsgrundlagen haben. Es ist der erwähnte Nullmythos, der die Schwellengefühle und die Übergangserlebnisse intensiviert. Die Null nämlich – und drei Nullen hatten ja vor nicht allzu langer Zeit die Macht an sich gerissen – ist jene Zahl, die die Inder, von denen sie erfunden wurde, die „Leere“

nannten. Der Null, die in älteren Zahlensystemen unbekannt war, wurde die Bedeutung zuerkannt, nichts zu bedeuten. Hierdurch erhielt sie die Funktion, jenem was ihr vorausgeht und demjenigen, was ihr folgt, eine Bedeutung zu verleihen. Auch ihren Namen hat sie dieser Qualität zu verdanken. „Null“ ist die Kurzform von „nulla figura“, übersetzt heißt das: „kein Zeichen“. Die Null ist das Zeichen für die Leere zwischen den Zeichen, das heißt, sie ist das Zeichen für den Übergang, für ein Intervall.

Und heute, nachdem das Intervall hinter uns liegt, merken wir, dass es im doppelten Sinn ein Null-Ereignis war, was wir da als Jahrtausendwende gefeiert haben. Ja, was ist denn eigentlich noch übrig vom großen Millenniumsjubel? Allein der nicht gerade zum Feiern Anlass gebende Sachverhalt, dass wir plötzlich aus einem vergangenen Jahrtausend stammen. Die Therapeuten wird's freuen!

Ja, wo ist es denn geblieben, das letzte Jahrtausend? Und wo ist eigentlich der Unterschied zum neuen? Rinderwahnsinn im zweiten Jahrtausend – Rinderwahnsinn im dritten Jahrtausend; Spendenaffäre im letzten Jahrtausend – Spendenaffäre in diesem Jahrtausend. Auch die kleinen, häufig so lästigen Alltagsprobleme, von denen wir hofften, sie werden mithilfe der drei Nullen schließlich null und nichtig, sie sind uns geblieben: Nach einem Parkplatz suchen wir immer noch meist vergeblich, Kinder müssen weiterhin zur Schule, und das immer noch zur gleichen Zeit wie im Jahrtausend zuvor, ihre Noten sind leider auch nicht besser geworden und die Anzahl der Nachhilfestunden verringerte sich auch nicht spürbar. Auch unser Einkommen hat keinen Jahrtausendsprung zu vermelden und weiterhin weckt uns die Müllabfuhr viel zu früh am Morgen. Das Fernsehprogramm hat nach dem televisionären Millenniumsrummel dort weitergemacht wo es nie aufgehört hat. Wir haben weiterhin eine Kanal-, aber keine Programmvielfalt. Das war zu erwarten, da ja auf allen Kanälen gleichzeitig Millennium angesagt war.

Umso berechtigter ist die Frage: Was haben wir denn da als Jahrtausendwende gefeiert? Und warum haben wir so eifrig die Sektkorken knallen lassen, wenn sich nicht einmal unsere stille Hoffnung erfüllt hat, dass alle Computer am 2. Januar 2000 zusammenbrechen würden und wir uns hierdurch vom immer dichter geknüpften Netz unserer Hochgeschwindigkeitskommunikation wieder hätten befreien können.

Jetzt, mit etwas Abstand, wird es klarer, was wir da gefeiert haben. Nichts anderes nämlich als unsere selbst gemachte Zeitordnung, die nach christlicher Kalenderarithmetik bei drei Nullen angekommen war. Und auch das wissen wir jetzt besser: Wer die Nullen feiert, landet konsequenterweise bei Null. Dies wenigstens hätten wir im letzten Jahrtausend in der Schule lernen können: Alles, was man mit Null multipliziert, wird null und nichtig. Die Nullen kamen an die Macht – hat aber nichts gemacht. Wir haben es ja gewollt: nicht unbedingt wir, aber doch jene einflussreichen Menschen, die unseren Kalender gemacht haben. So haben wir denn nicht viel mehr als den Sachverhalt gefeiert, dass die Menschen die Zeit in die eigene Hand genommen haben. Ist dieser Schritt zur Selbstbemächtigung der Zeitordnung wirklich so erfolgreich gewesen, dass er einen sinnvollen Anlass zum Jubeln hätte abgeben können?

Betrachtet man die Jahrtausendwende aus einer gewissen Distanz, dann drängt sich der Verdacht auf, dass diesem Jubelereignis, über die Feierlichkeiten hinaus, keinerlei Wirklichkeit und eigentlich auch keinerlei Wirksamkeit zukommt. Ahnen hätten wir es aber können, denn die Inder hatten uns ja bereits vor langer Zeit darauf aufmerksam gemacht, als sie die Null erfanden: Wir feierten das Nichts und jubelten diesem Nichts auch noch zu. Heute wissen wir es: Nach dem Jahrtausendwechsel sind wir dort angekommen, wo wir immer schon waren. So gesehen waren die Millenniumsfeierlichkeiten zuallererst eine bunte und laute Inszenierung zwecks Verschleierung des Sachverhaltes, dass es so weitergeht wie bisher. Als ein ökonomisch profitabler Handel mit Illusionen hat sich die inszenierte Aufregung herausgestellt. Diesbezüglich kann man zumindest den Deutschen eine gewisse Konsequenz nicht absprechen. Ihre Geschichte lehrt nämlich, dass kein Volk in einem vergleichbaren Ausmaß durch die Versprechen eines tausendjährigen Reiches betrogen worden ist und sich schlimmer hat betrügen lassen als eben das deutsche. In nur zwölf Jahren ein tausendjähriges Reich abzuwickeln, das war ein katastrophales Hochgeschwindigkeitsprogramm ohne historisches Beispiel. Sinnvoll wäre es gewesen, daraus die Konsequenz zu ziehen und das Denken in Tausenderkategorien, zumindest in kalendarischer Form, völlig einzustellen. Leider ist dies nicht passiert. Aber auch nach dem neuerlichen Versuch, die Jahrtausenderkategorie zu bemühen, das zeigen die Erfahrungen mehr als deutlich, gibt es eigentlich keinen guten Grund, von der Empfehlung, es besser sein zu lassen, Abstand zu nehmen. Nun gut, vielleicht dann wenigstens beim nächsten Mal.

Harte Zeiten

- Es ist hart, die Zeit von der Natur vorgegeben zu bekommen.
- Es ist noch härter, die Zeit von der Uhr vorgegeben zu bekommen.
- Am härtesten aber ist es, die Zeit sich immerzu selbst vorgeben zu müssen.

Zügige Zeiten

Aus dem so genannten „Leben“ eines so genannten „erfolgreichen“ Menschen

30. April

06.40	Aufschrecken durch Weckerklingeln.
07.00	Überprüfen der Uhrzeit durch Radioansage.
07.05	Einhalten des Drei-Minuten-Zeittakts zur Zahnhygiene.
07.20	1 1/2 Minuten Tee ziehen lassen. Signal des elektrischen Eierkochers nicht ignorieren.
08.00	Wechselweise ärgern über eigene Verspätung und die der öffentlichen Verkehrsmittel.
08.20	Bedienung des Zeit-Terminals im Büro.
08.30	Uhrenvergleich im Büro.
08.35	Sichten des Terminkalenders (time-planners) für den Tag.
08.40	Rundruf zur Arbeitszeitbesprechung.
08.48	Beschwerde bei der Sekretärin wegen des unmenschlichen Zeitdrucks.
09.00	Sitzung zur Arbeitszeitkoordination.
09.30	Ende der Arbeitszeitbesprechung.
10.10	Anruf des Chefs wegen dringender Sitzung um 11 Uhr.
10.15	Buchen eines Zeitmanagementseminars.
10.25	Kurzes Durchblättern der „Financial Times“.
10.45	Telefonat mit der Bank, um das private Festgeld sechs Monate zu verlängern.
11.00	Sitzung beim Chef. Thema: Vor- und Nachteile der elektronischen Zeiterfassung.
11.47	Verabredung zum Arbeitsessen für 12.30 Uhr.

12.10 Korrektur der wegen Stromausfall fehlenden Zeitangabe im Faxgerät.

12.20 Genauigkeitskontrolle der Zeitangabe im Faxgerät durch Anruf bei der telefonischen Zeitansage.

12.25 Übereilter Aufbruch zum Arbeitsessen.

12.35 Entschuldigung für verspätetes Erscheinen beim Arbeitsessen.

12.50 Absprache mehrerer Termine für Projektsitzungen.

13.15 Blick auf die Uhr und plötzlicher Aufbruch zum Mitarbeitergespräch.

13.30 Mitarbeitergespräch – Entschuldigung, dass man nur 15 Minuten Zeit hat.

13.45 Anruf bei Sekretärin wegen kurzfristiger Terminvereinbarungen mit Betriebsrat wegen Überstundenausgleichsregelung.

13.50 Studium verschiedener Prospekte von Firmen, die Zeiterfassungsgeräte anbieten.

14.10 Anruf der Ehefrau, um zu erfahren, für wann sie das Abendessen richten soll.

14.20 Sekretärin fragt wegen morgigem auswärtigem Termin, ob sie Platz im ICE „Schwabenpfeil" reservieren soll.

14.30 Hinweis an Sekretärin, ein Taxi für die Fahrt zum Bahnhof vorzubestellen.

14.40 Bitte an Sekretärin, in Erfahrung zu bringen, wie lange die Sitzung am nächsten Tag dauern wird – evtl. Reservierung von zwei Plätzen im Flugzeug für Rückflug.

14.50 Suche des verlegten Zeitplaners.

15.00 Zeitplaner gefunden.

15.10 Erledigung der längst überfälligen Post.

16.30 Kurze Pause zum Verzehr eines (lila) Pausensnacks.
16.35 Bearbeitung einiger wichtiger Termingeschäfte.
18.15 Anruf bei der Zeitansage der Telekom.
18.30 Anruf an Ehefrau, dass man es heute doch nicht bis zum Abendessen schaffen wird, das Büro zu verlassen.
21.10 Anruf der Ehefrau: Wo bleibst du denn?

21.11 Frage an sich selbst: Ja, wo bleib ich denn?

1. Mai

Zeit, diese Frage zu beantworten.

Diesbezüglich eine kleine Hilfestellung des Bernhard von Clairveaux, die er seinem Ordens-Bruder, dem Papst Eugen III., im Jahre 1150 brieflich zukommen ließ:

Wenn Du so wie bisher weitermachst ..., ohne Dir etwas für Dich vorzubehalten, ... Dein ganzes Leben und Erleben völlig ins Tätigsein verlegst und keinen Raum mehr für die Besinnung vorsiehst, ... wie kannst Du voll und echt Mensch sein, wenn Du Dich selbst verloren hast? ... Wie lange noch schenkst Du allem anderen Deine Aufmerksamkeit, nur nicht Dir selber? ... Denn was würde es Dir sonst nützen, wenn Du ... alle gewinnen, aber als einzigen Dich selbst verlieren würdest?

Hat Goethe noch Aufstiegschancen?

Heute trägt ein mit 250 km/h durch die Republik rasender Express die Bezeichnung „Brüder Grimm“. Ob die so etwas gewollt hätten? In diesem Hochgeschwindigkeitszug werden keine Märchen erzählt und keine erlebt – es wird dort telefoniert, gearbeitet und manchmal auch gedöst. Jene, die dem ICE einen solchen Namen verpassen, spielen anscheinend mit der erhofften Assoziation, beim Intercity-Express handle es sich um ein modernes Märchen. Das sicher nicht – oder vielleicht doch? Das Märchen vom Hasen und dem Igel zeigt ja, dass jene, die durch die Gegend rasen, über kurz oder lang tot umfallen, während die Sieger sitzen bleiben können. Will uns das die Bahn AG erzählen? Für eine solcherart subtile Listigkeit sind ihre Aktionen bisher noch nicht bekannt.

Was mich dann aber noch mehr verwirrt: Warum hat es Goethe eigentlich nur zur Bezeichnung eines Euro-City geschafft? Hat er noch Aufstiegschancen? Oder hat man in den Führungsetagen der Bahn AG möglicherweise auf seine Kritik an der Beschleunigung Rücksicht genommen?

Reichtum und Schnelligkeit ist, was die Welt bewundert und wonach jeder strebt. Eisenbahnen, Dampfschiffe und alle möglichen Facilitäten der Communikation sind es, worauf die gebildete Welt ausgeht, sich zu überbilden und dadurch in der Mittelmäßigkeit zu verharren.

Die Rheinschiffer scheinen diese Textstelle gekannt zu haben. Sie haben Goethe zum bedächtigen Raddampfer befördert.

Goethe als Euro-City, Schiller eine Klasse niedriger. Er bewegt sich als Intercity zwischen Dortmund und München und ihrer beider Kollege Franz Kafka gar nur als Inter-Regio. Nun gut, Kafka hat ja behauptet, es gäbe keinen Grund, in einem Wettrennen der Erste sein zu wollen. Konsequent muss er als Regionalzug sein mobiles Leben nach dem Tode fristen. Etwas neidisch wird er schon werden, wenn er bemerkt, dass Hildegard von Bingen und auch Roswitha von Gandersheim in ICEs die Räume überwinden. Beide wiederum können ganz erfreut auf Bonifacius, den Fußgänger, blicken, der heute, eine Klasse tiefer, als Euro-City reist. Das sicher hätte Kurt Tucholsky zu einem ironischen Text animiert, zumal ihm selbst nur Inter-Regio-Tauglichkeit von unseren Bahnangestellten attestiert wird. Darauf lasst uns einen trinken, im Intercity „Bacchus“ selbstverständlich. Die Zukunft der Vergangenheit ist bei der Bahn zur Gegenwart geworden.

P. S.: Aber, was sehe ich denn da! Der Postkutschen-Goethe jetzt als Tragflächenschnellboot (Rapido) auf dem Gardasee und Mozart, nicht nur als Kugel, sondern auch als „Flying-Mozart“-Gondel am schönen Wolfgangsee.

Eil-fertig

Auch der alltäglichen Zeithetze lassen sich unterhaltsame, manchmal auch lustige Seiten abgewinnen – insbesondere dann, wenn man selbst nicht davon betroffen ist. Es ist beruhigend, erleben zu können, wie gehetzte Manager trotz ihrer Zeitnot immer noch die Zeit finden, ausführlich allen, auch jenen, die es nicht hören wollen, zu erzählen, wie gehetzt sie sind. Einige nehmen sich sogar die Zeit, auf die seltsamen Folgen der Eile zu schauen. Sie berichten von Ereignissen, die nachdenklich stimmen. So etwa der frühere Oberbürgermeister von Stuttgart, Manfred Rommel. Er verkündet, dass unreflektierte Entschlossenheit, gepaart mit bemühter Eilfertigkeit, Schaden anrichten kann, und belegt dies an der Hilfsbereitschaft eines Bahnbediensteten im Stuttgarter Hauptbahnhof:

Der Fahrdienstleiter hat eben den Zug nach Karlsruhe zur Abfahrt freigegeben, da eilen plötzlich drei Männer mit Koffern herbei. Der Bedienstete wirft die Koffer in den anfahrenden Zug, packt zwei der Männer, schiebt sie in einen Waggon und sagt zum dritten: „Schade, bei Ihnen hat es mir nicht mehr gereicht." Die Reaktion des Zurückgebliebenen: „Eigentlich wollte bloß ich verreisen, die andern haben mich nur zum Bahnhof gebracht."

Wenn Manager sich noch Zeit nehmen, solche Geschichten zu erzählen, ist der Zug der Zeit nicht endgültig abgefahren.

Fordschritt

Henry Ford, die Verkörperung des Fortschrittes, prophezeite: *Ich werde ein Auto für die breite Masse bauen ... Es wird so niedrig im Preis sein, dass jeder, der ein gutes Gehalt bezieht, Besitzer eines solchen Wagens werden kann – und sich mit seiner Familie in Stunden der Freude an dem ergötzen kann, was Gott an großen Weiten geschaffen hat ...*

Lacey, R.: Ford: The Men and the machine, New York, 1986, S. 93.

In der Tat, vieles davon ist eingetreten. Wir sind ein Volk von Autofahrern geworden und dies in weit extremerem Ausmaß als Ford sich das gewünscht und vorgestellt hat. Die Kategorien eines Zweit- oder sogar die eines Drittwagens waren ihm unbekannt. Vielleicht wollte er auch davon gar nichts wissen, weil er ahnte, dass dereinst – und das ist heute in der Landeshauptstadt München so – auf ein Kind, statistisch gerechnet, fünf Autos kommen.

Hingegen lag Ford jedoch mit seiner Prognose, dass sich die Autobesitzer mit Freude an jenem ergötzen werden, „was Gott an großen Weiten geschaffen hat", daneben. Das tun heute viel eher jene, die ihr Auto stehen lassen, die zu Fuß gehen oder sich des Fahrrads bedienen. Das Auto als Verkehrsmittel für die breite Masse hatte nämlich zur Folge, dass es schließlich immer weniger dieser gottgeschaffenen Weiten gibt und dass die noch erfahrbaren immer seltener für's „Ergötzen" zur Verfügung stehen. Das Auto ist zuallererst ein Mittel zur ziellosen Flucht geworden. So endet das Ford'sche Glücksversprechen schließlich im kilometerlangen Stau und in den großen Weiten, die nicht Gott geschaffen hat, sondern der saure Regen. Die Autobahn, von der Ernst Bloch meinte, dass sie zwar imposant, aber doch etwas flach sei, ist unser Schicksal. Weder auf der Schnellstraße noch auf dem Qualifikations-Highway werden wir zu jener Geduld kommen, die laut biblischer Verheißung der Schlüssel zum Himmelreich ist.

„Müßiggang ist aller Laster Anfang“ – wirklich?

Es war etwa Mitte des 18. Jahrhunderts, als die „Zeit“ zum großen Thema wurde. Nicht mehr die Natur sollte weiterhin Zeitgeber sein, sondern der Mensch selbst. Aufklärung bedeutet, sich von den Bedingungen der Natur, und dabei speziell von den durch die Naturzyklen gesetzten Zeitmustern, zu befreien. Angesagt waren aktives Handeln, Arbeit, Initiative. Die Faulheit, der Müßiggang wurden zu Feinden erklärt. Gegen sie richteten sich die energischen Kämpfe der Kirche, der Erziehung, des zu dieser Zeit aufkommenden Unternehmertums und der jeweiligen Regierungen. Auch die Wissenschaft trug ihren Teil dazu bei. Leclerc de Buffon, der Verfasser einer elfbändigen Naturgeschichte, die er in den Jahren 1750–1782 verfasste, lässt seiner nicht unbedingt sehr wissenschaftlich fundierten Abscheu gegen des Faultier freien Lauf:

Wo uns die Natur lebhaft, pulsierend und enthusiastisch erscheint, nämlich wenn sie Affen hervorbringt, so langsam, beschränkt und armselig ist sie es bei Faultieren. Und wir müssen eher über die Erbärmlichkeit denn über die Faulheit sprechen, eher über die Unzulänglichkeit, Dürftigkeit und Schwäche ihrer Konstitution: kein Eck- oder Fangzahn, kleine und verdeckte Augen, ein dicker und plumper Kiefer, glattes Haar, das wie getrocknetes Gras aussieht ... zu kurze, schlecht geformte und unzureichend ausgestellte Beine ..., keine einzeln beweglichen Finger, aber zwei oder drei übermäßig lange Nägel. (...) Langsamkeit, Dummheit, Vernachlässigung des eigenen Körpers und sogar gewohnheitsmäßige Traurigkeit resultieren aus dieser bizarren und vernachlässigten Wesensart. Keine Waffen für Angriff oder Verteidigung; keine Si-

cherungsmaßnahmen, keine Rettungschancen auf der Flucht; nicht auf eine Gegend beschränkt, sondern auf ein kleines Stückchen Erde – den Baum, auf dem es geboren wurde; ein Gefangener inmitten eines riesigen Raumes … alles an ihnen bekundet ihr Elend; sie sind unvollkommene Anfertigungen der Natur, die, da sie kaum die Fähigkeit haben, überhaupt zu existieren, nur eine kurze Zeit bestehen können, um dann aus der Liste der Lebewesen gestrichen zu werden. (…) Diese Faultiere stellen den niedrigsten Begriff der Existenz im Reich der Tiere aus Fleisch und Blut dar.

Georges-Louis Leclerc de Buffon: Allgemeine Historie der Natur nach allen ihren besonderen Theilen abgehandelt. Hamburg und Leipzig 1750–1782.

Kann man sich ein Wesen vorstellen, das bei solcher Beschreibung, noch mehr Abscheu provozieren würde wie eben dieses Faultier? Wohl kaum. Die Botschaft ist klar und eindeutig. Die Natur ist dort, wo sie die Langsamkeit, die Behäbigkeit, die Faulheit repräsentiert, verachtenswert. Der Siegeszug derFleißigen, der Schnellen und der Pünktlichen gewinnt aus solch gezielt eingeschränkter wissenschaftlicher Wahrnehmung seinen zentralen Rückhalt.

Notwendige Nachbemerkung:
Inzwischen ist das langsamste aller Säugetiere, das Riesen-Faultier, ausgestorben. Es musste und sollte wohl aussterben, weil es nicht nur riesig groß war, sondern auch riesig faul. So etwas, das sich mit einer Durchschnittsgeschwindigkeit von 0,1 km/h fortbewegte, darf die Moderne nicht überleben! Man hätte sich ja ein Beispiel an ihm nehmen können.

Verspätung – kein Problem

Die Verspätungen haben zugenommen – aber keine Aufregung, das ist doch nur ein Problem der Organisation. Dabei geht es nicht darum, die Verspätungen wegzuorganisieren, wie dies immer wieder gefordert wird. Das ist unmöglich, denn je mehr Menschen sich mithilfe von Verkehrsmitteln immer schneller durch die Republik bewegen, umso mehr Verspätungen gibt es. Zwangsläufig – denn Verspätungen gibt es ja erst seitdem wir beschleunigen.

Verspätungen bekämpft man am besten, indem man sie klug organisiert und nicht, indem man sie zu reduzieren versucht. Es gäbe beispielsweise erheblich weniger Probleme mit den Verspätungen von Zügen, wenn sich diese (speziell jene, die im Stundentakt verkehren) jeweils um 60 Minuten verspäten würden. Sie wären zwar verspätet, aber nicht unpünktlich. Kaum jemand bemerkte eine solche Verspätung, auch dann nicht, wenn sich alle Züge um 24 Stunden verspäten würden. Allerhöchstens den Platzkarteninhabern fiele dies auf – aber das sind Personen, die eigentlich keinen Sitzplatz wollen, sondern die ihren Sitzplatz haben wollen. Nun gut, sie haben nun mal Pech und dürfen sich deshalb auch aufregen. Die anderen können dafür fahren, wann sie die Gelegenheit erhalten – pünktlich, irgendwie.

Der Verlustseite des Zeitgewinns

Dass wir für die Welt, die wir uns geschaffen haben, nur sehr mangelhaft ausgestattet wurden, das müssen wir tagtäglich erfahren. Wir haben die Nacht mithilfe der Elektrizität erleuchtet, und doch werden wir am späten Abend immer noch müde. Wir brauchen auch weiterhin noch unseren Schlaf, obgleich doch die Maschinen, die Geldtransaktionen, die Unterhaltungs- und die Fernreiseangebote zumindest von ihrer technischen und ihrer strategischen Organisation her „schlaflos“ funktionieren. Die gehetzte Unvernunft unserer Tage erlaubt es, dass die Autobahn des Nachts genauso schnell befahren werden kann wie tagsüber – mit der fatalen Folge, dass zwischen Mitternacht und Morgengrauen dort die meisten tödlichen Unfälle passieren. Vielfach wurde bereits, meist folgenlos, auf den Sachverhalt hingewiesen, dass die großen Umweltkatastrophen dieser Welt, die Reaktorunfälle von Harrisburg und Tschernobyl, die Chemiekatastrophen von Basel und Bophal sowie das Tankerunglück der „Exxon Valdez“, zu nachmitternächtlichen Zeiten passierten.

Der Mensch, so scheint es, ist inmitten des selbst geschaffenen Zeitdrucks ein Sicherheitsrisiko und seine grundsätzlich nicht eliminierbare Disposition zur Müdigkeit und zur Unaufmerksamkeit wird immer häufiger zum Systemdefekt. „Menschliches Versagen“, so nennt man heute den Schlaf, wenn er zur Begründung einer Katastrophe herhalten muss. Der Schriftsteller Stan Nadolny hat in einem Zeitungsinterview behauptet: „Autofahren ist ein permanenter Versuch, sein Leben zu retten.“ Zumindest für nächtliche Touren ist dies inzwischen statistisch bewiesen. Fast zwei Drittel aller Verkehrsunfälle auf Bayerns Autobahnen (andere Bundesländer unterscheiden sich diesbezüglich kaum – aber für Bayern ist es belegt) sind, so der Schlafforscher Jürgen Zulley von der Universität Regensburg, auf Übermüdung, auf reduzierte Aufmerksamkeit und verringerte Reaktionsgeschwindigkeit zurückzuführen. 23 % der Autofahrer gaben nach einer Untersuchung im US-Bundesstaat New York an, am Steuer ab und zu einzunicken. Wie kann man bei diesen Erkenntnissen eigentlich abstreiten, dass Autofahren, zumindest bei Dunkelheit, eine Art Überlebenstraining darstellt, bei dem die Müdigkeit mit der Lebensmüdigkeit einhergeht. So gesehen, handelt es sich bei dem allseits beliebten Automobil um ein apokalyptisches Gefährt.

Die Folgen und die Kosten solch katastrophaler Übermüdung werden in unserer Gesellschaft üblicherweise individualisiert und zu einem großen Teil von der Solidargemeinschaft der Versicherten getragen. So bleiben sie relativ unauffällig. Nur in seltenen Fällen werden sie den Verursachern zugerechnet. Mit dem Effekt, dass sich für die Verantwortlichen ein solcher Irrsinn weiterhin rechnet.

„Zeit ist Geld". Für die einen bedeutet das Geldgewinn, für andere den Verlust von Geld. So kann und muss man diese beliebte Gleichung auch verstehen. Das aber tun wir nicht. In den allermeisten Fällen interpretiert man die Formel „Zeit ist Geld" in optimistischer Verkürzung, als garantiere sie ausschließlich Geldgewinne.

Das „Ich bremse auch für Tiere“-Syndrom

Dass die Geschwindigkeit, mit der wir uns durchs Leben bewegen, für die Natur höchst gefährlich ist, das wissen wir, auch wenn wir keine Konsequenzen daraus ziehen. Aber ein klein wenig ein schlechtes Gewissen haben wir schon dabei. Dies gilt es immer wieder zu beruhigen. So sieht man in letzter Zeit häufiger Aufkleber an Heckfenstern von Personenwagen mit dem aufdringlichen Hinweis: „Ich bremse auch für Tiere“. Den Tieren hilft diese Information wenig und alle nachfolgenden Autofahrer, die dadurch auf Abstand gehalten werden sollen, müssen dann, wenn sie den Hinweis zu entziffern versuchen, verkehrsgefährdend dicht auffahren.

Ökonomie der Aufmerksamkeit

Wieweit das Muster „Zeit ist Geld“ uns in Fleisch und Blut übergegangen ist, zeigt sich an den Objekten, denen wir unsere Zeiten der Aufmerksamkeit widmen.

Niemand mehr lässt sich in unserem akustisch überfrachteten und hetzenden Alltag durch das melodiöse Gezwitschere einer Blaumeise in seiner Geschäftigkeit aufhalten. Die Mehrheit der Gehetzten bleibt jedoch sogleich stehen und schaut sich suchend um, wenn sie den Klang eines fallenden Geldstückes hört. Neuerdings sogar auch den der Aktienkurse. So ändern sich die Zeiten. Es wäre wieder einmal Zeit, über das nachzudenken, was aus uns so gemacht wurde. Wenn wir uns dazu Zeit nehmen würden, könnten wir vielleicht auch wieder stehen bleiben, um dem Gesang einer Blaumeise zu lauschen.

Der Weg ist nicht das Ziel

Beschleunigung ist kein Selbstzweck. Niemand würde in einen Zug einsteigen, der nie anhält, der sich immer schneller fortbewegt. Wir benutzen doch nur deshalb ein schnelles Verkehrsmittel, um schließlich am Ziel unserer Wünsche anzukommen. An diesem Ziel muss man üblicherweise anhalten und aussteigen, sonst fährt man immerzu an ihm vorbei. Viel zu viele tun das heutzutage. Die Therapieszene lebt davon. Sie aber ist doch auch nicht das Ziel aller Wünsche. Sie ist nicht viel mehr als der Nothalt auf offener Strecke, der Versuch, mal wieder Boden unter die dahinrasenden Füße zu bekommen.

Zeitkannibalismus

Eines der herausragenden und unumstrittenen Zeichen für den zivilisatorischen Fortschritt in dieser Welt ist die Abschaffung des Kannibalismus. Neuerdings scheint er zurückzukehren und immer mehr Anhänger zu finden, ohne dass dies als zivilisatorischer Rückschritt bewertet werden würde. Ganz im Gegenteil. Gerade die Wiedereinführung des Kannibalismus scheint als Fortschrittssymbol willkommen zu sein. Aber ein entscheidender Unterschied zum Kannibalismus vergangener Tage ist, dass er besonders in den hoch entwickelten Industriegesellschaften seine Anhänger findet. „Die Schnellen fressen die Langsamen": Diese Schlagzeile, mal als ein zur Steigerung der Arbeitsmotivation genutztes Motto, mal als beschreibende Aussage über die kapitalistische Realität verwendet, kann man inzwischen in beinahe allen Wirtschaftsmagazinen, in den Tageszeitungen und in den diversen Sendungen der elektronischen Medien vernehmen. Trotzdem – oder gerade deshalb – sollte man stutzig werden: Haben wir den Kannibalismus in der unterentwickelten Welt vielleicht nur deshalb abgeschafft, um ihn dann bei uns selbst wieder einzuführen? Wer weiß? Oder enden wir schließlich dort, wo wir angefangen haben? Fragen und Irritationen. Für eine orientierende Antwort fehlt uns die Zeit. Die Beschleunigung frisst auch sie. Wir Zeitfresser, wir kannibalistischen Fortschrittler.

Tempodrogen

Wieweit die jeweils herrschenden Zeitmuster Einfluss auf die Individuen ausüben, zeigt der boomende Markt der Tempodrogen. Dabei kann die Beschleunigungsgeschichte des Rauchvorganges, von der Pfeife über die Zigarre zur Zigarette, als relativ abgeschlossen gelten. Der Verbrauch an Medikamenten mit garantiert schneller Wirkung auf das Zeitempfinden hat seinen Höhepunkt dagegen noch nicht erreicht. Mit „Arbeitsdrogen" unterschiedlicher Art versuchen wir uns für eine erfolgreiche berufliche Karriere fit zu machen und fit zu halten, denn die immer schnelleren Veränderungen, die vermehrt vorkommenden plötzlichen Umstellungen und die übergangslosen Neuorientierungen verlangen das von uns. Die Statistiken zeigen es deutlich: Überproportionale Zuwächse beim Medikamentenverbrauch im Bereich der Schlafmittel, der Antidepressiva und bei Wachmachern aller Art. Man muss sich für die heutige Arbeitswelt „timen", d. h. die körpereigene Rhythmizität den geforderten wechselnden Umständen jeweils anpassen – auch das fällt unter die beliebte Kategorie der „Flexibilität". Für die hektischen Phasen der Arbeit Kokain und Kaffee, zum Ausruhen Valium und Prozac zum Glücklichwerden.

Die Erfolgreichen unterscheiden sich, was die manipulative Steuerung ihrer subjektiven Zeitmuster betrifft, nur mehr geringfügig von jenen Drogenkonsumenten, die als Karriereversager und soziale Problemfälle auffällig werden. Und nicht selten nehmen sie auch die gleichen Mittel – nur, dem einen bringen sie Schwierigkeiten, dem anderen Erfolg. Mit schnellen Therapien ist da wenig zu verändern. Denn auch sie sind Teil jenes Tempodroms, das die Tempodrogen notwendig macht.

Beschleunigte Himmelfahrt

Blicken wir auf die Geschichte der Beschleunigung, dann fallen uns zumeist nur jene Verkehrsmittel ein und auf, die sich horizontal bewegen. Mit der Realisierung jener Wunschvorstellung, für die wir seit 250 Jahren den Begriff „Fortschritt" bereithalten, begannen wir den Himmel, oder das, was wir dafür hielten, zu stürmen. So etwa dadurch, dass wir architektonisch an den Wolken zu „kratzen" begannen. Der Mensch erschloss zu Beginn des 20. Jahrhunderts, nach einem eher gottgefälligen Versuch beim Kathedralenbau 500 Jahre vorher, zum zweiten Mal die Vertikale. Diesmal nicht zur Ehre Gottes, sondern zu der der Banken. Weil dieses Vorhaben, im Gegensatz zu den gotischen Kirchtürmen, in jenen Zeiten stattfand, in denen man Zeit bevorzugt mit Geld verrechnete, mussten auch die Himmelfahrt und der Weg zurück möglichst schnell geschehen.

Es war der Aufzug, der ehemals noch als „Fahrstuhl" eine zumindest begriffliche Gemächlichkeit ausstrahlte und der heute, erheblich schneller geworden, zum Lift mutierte, der in der zweiten Hälfte des 19. Jahrhunderts erfunden und zur Eroberung der Höhe nutzbar gemacht wurde. Damit ist die stationäre Luftfahrt nicht nur möglich, sondern – wie man aus der Geschichte des Aufzugs ersehen kann – auch beschleunigbar. Heute katapultieren uns die unterschiedlichsten Lifte hunderte von Metern in Sekundenschnelle in die höchsten Höhen und in die tiefsten Tiefen. Dass wir bei diesem Höhenflug inzwischen Höchstgeschwindigkeit erwarten, zeigt die Ungeduld, die uns überkommt, wenn der Lift nicht sofort „da" ist. Es soll eben schnell und möglichst noch schneller gehen – der Weg nach oben zumindest – aber schnell geht's eben auch nach unten. Den

Fortschritt stellen wir uns als eine aufsteigende Linie vor – als einen Lift. Aber, da führt kein Weg vorbei, wir müssen auch wieder runter. Und das geht meistens ebenso schnell. Ist ja auch gut so, denn der feste Boden ist eher unten zu finden, und das bessere Abendessen meistens auch.

Die Zeiten sind schön

Weil wir einen Großteil unserer Zeit damit verbringen, die uns störenden Falten der Zeit glatt zu bügeln, finden wir uns immer häufiger in der Situation des Sisyphos wieder. Dieser ist ja bekanntermaßen dazu verurteilt, seine Arbeit stets von vorne zu beginnen. Es ist und bleibt vergeblich, die vielen und immer mehr werdenden Widersprüche der Zeit lösen oder eliminieren zu wollen. Trotzdem aber sollten wir von dieser aussichtslosen Tätigkeit nicht ablassen. Sie macht das Leben abwechslungsreicher, amüsanter und liebenswerter. So können wir uns den „Zeit-Sisyphos" als glücklichen Menschen vorstellen.

„Ach Liebste, laß uns eilen, wir haben Zeit", dichtete Martin Opitz bereits Anfang des 17. Jahrhunderts. Welch schönes Paradox und wie realistisch! Heute, wo der Zeitaufwand immer größer wird, um immer kleineren Zeitgewinn zu erzielen, heute, wo es unser Schicksal ist, immer früher zu spät zu kommen, wo die Freizeit umgekehrt proportional zu unserer freien Zeit zunimmt, wir schnell etwas Geduld haben müssen und deshalb Eilkurse zur Entspannung belegen, um dann anschließend von Besinnung zu Besinnung zu hetzen; ja heute lässt sich die Zeit, die wir gar nicht haben, so extensiv verschwenden wie niemals zuvor. Hierzu – auch das eine neue Zeitfreiheit – kann man kommen wann man will, dann aber möglichst pünktlich, denn sonst muss man eben schnell etwas warten. Es ist doch schön, nicht zu wissen wohin man will, denn das erhöht die Wahrscheinlichkeit entscheidend, als Erster am unbekannten Ziel zu sein. Nur so entgeht man dem Schicksal, am Ende zu sein bevor man am Ziel ist.

Der Verfall und sein Datum

Wir haben es hinter uns, das einschneidendste Verfallsdatum aller bisherigen Zeiten. Die Rede ist vom Ende des zweiten Millenniums und dem Beginn des dritten (nach christlicher Zeitrechnung). Schmerzlich wird uns diese menschengemachte Zäsur demnächst bewusst werden. Jene, die den Wechsel von den drei Neunen zu den drei Nullen gefeiert haben, und auch die, die sich dem Trubel durch die Flucht davor entzogen, sie alle stammen nämlich ab diesem Zeitpunkt aus einem Jahrtausend, dessen Mindesthaltbarkeitsdatum überschritten ist. Das werden uns jene jungen Menschen bald spüren lassen, die seit dem Jubiläumsjahr geboren wurden. „Was willst du denn“, so werden wir es immer wieder zu hören bekommen, „was willst du denn mit deinen Ideen, Vorstellungen und Lebensweisheiten, du bist doch aus dem letzten Jahrtausend!“ Gegen eine solche Argumentation hat man keine Chance, denn jede Erwiderung stammt ja wieder von einer Person aus einem vergangenen Jahrtausend. Irgendwann aber, wenn wir das zum zehnten Mal hören mussten, werden wir uns fragen, warum wir eigentlich unser eigenes Verfallsdatum so feierlich begangen haben. Dann wird uns die Erkenntnis aufgedrängt, dass es sich dabei um einen misslungenen Versuch handelte, unser schlagartiges Altern zu verdrängen.

Es ist der Verfall, unser eigener und jener der übrigen Natur, aber auch derjenige, der auf die von den Menschen hergestellten Produkte zukommt, dem wir heutzutage unsere intensivsten zeitlichen Kontrollanstrengungen widmen. Was jedoch motiviert uns dazu, warum tun wir das eigentlich? Die Antwort: Wir schöpfen Kraft aus einer Illusion. Denn wer, so glauben und hoffen wir, das Vergehen kontrolliert, beherrscht auch das Werden und damit die Zeit. Gelänge dies wirklich, dann hätten sich die Menschen die fundamentalste göttliche Macht angeeignet. Sie bräuchten keinen Gott mehr, da sie es selbst geworden wären.

Weder Gottes unerfindlicher Ratschluss, noch die Systemzeiten der Natur bestimmen heute mehr, wann etwas verfällt, wann es nicht mehr zu gebrauchen ist. Die Menschen tun es selbst. Sie stempeln, sie prägen, sie drucken auf alles und jedes einen manchmal minutengenauen Zeitpunkt, an dem der so gekennzeichnete Gegenstand radikal seine Qualität ändert. Die nicht immer leicht entzifferbare Zahlenkombination, die wir „Datum" nennen, entscheidet, wann etwas als veraltet anzusehen ist, wann es nicht mehr benutzt, verkauft oder verzehrt werden darf. Sie „entlastet" uns davon, den Verfall zu riechen, zu schmecken, zu sehen oder zu hören. Der Verfall ist nicht mehr länger ein dynamischer Prozess. Er tritt zu einem festgelegten punktgenauen Zeitpunkt schlagartig ein. Tot oder lebendig, brauchbar oder unbrauchbar, aufbewahren oder wegwerfen, das sind die harten Alternativen, die das Verfallsdatum uns vorgibt. Dazwischen existiert nichts. Kein Übergang, kein Prozess des Reifens und des Vergehens, kein Intervall.

Der Verfall markiert nicht mehr länger eine Entwicklung, er ist nur mehr Produkt einer Entscheidung. Diese treffen die Menschen seit einigen Jahren selbst. Sie tun es mithilfe ihrer menschengemachten Zeitordnungssysteme „Uhr" und „Kalender". Deren standardisierte Gleichmäßigkeit verführt sie zu der unrealistischen Annahme, alles Zeitliche sei regel- und kontrollierbar, alles sei eine Frage der Berechnung und könne in „Zeitportionen" zerlegt werden. Dass es sich dabei um eine Illusion handelt, lässt sich an der Tatsache erkennen, dass die Menschen, die so bereitwillig auf alles und jedes ein Verfallsdatum drucken, dies bei sich selbst tunlichst vermeiden. Weil man wenig Einfluss auf den Zeitpunkt des eigenen Todes hat, übt man ihn anscheinend umso intensiver gegenüber den Mitteln aus, die man zum Leben braucht und nutzt. Vielleicht aber ist unsere „Verfallsdatumslust“ auch nur der absonderlichen Wunschbefriedigung geschuldet, bei eigener Hinfälligkeit und Endlichkeit auch alles andere hinfällig und endlich zu machen, wie dies der Philosoph Hans Blumenberg vermutet hat. Wie auch immer, was wir da treiben ist ein ernstes Spiel mit der Zeit und mit dem Leben. Wahrscheinlich hat das erst dann ein Ende, wenn das Verfallsdatum verfällt.

Bis dahin ist es noch ein langer Weg. Gerade lese ich in einer überregionalen Zeitung, dass in Zukunft auch Hostien, die ja in der Messfeier als ewiger (!) Leib Christi dargereicht werden, ein Mindesthaltbarkeitsdatum tragen sollen. Einzig unsere politischen Parteien scheinen noch kein Verfallsdatum zu haben – aber das rettet sie auch nicht vor dem Verfall.

P. S.: Glücklicherweise hat das Buch, in dem sie gerade lesen, kein ausgewiesenes Verfallsdatum. Dies aber nur deshalb, weil es nicht unter die „Verordnung zur Neuordnung der lebensmittelrechtlichen Kennzeichnungsvorschriften“ von 1981 fällt. Schade, denn wenn es ein Verfallsdatum hätte, dann wäre dieses Buch nicht nur ein Mittel zum Leben – es wäre auch ein anerkanntes Lebensmittel. Wenn Sie es dazu machen wollen, schreiben Sie selbst die übliche Zahlenkombination auf die Vorderseite. Nur zur Orientierung: Kartoffelchips mit Paprika (würzig) haben ein Mindesthaltbarkeitsdatum von drei Monaten.

Wie das Geld, so die Zeit
Wie die Zeit, so das Geld

Die Entwicklung unseres Zeitverständnisses geschah und sie geschieht immer noch in enger Wechselwirkung mit unserem Geldverständnis und unseren Geldverhältnissen. Schematisiert lassen sich drei epochal unterschiedliche Ausprägungen dieser Wechselwirkung beschreiben.

In der **Vormoderne** waren die Wirtschaftsbeziehungen durch gebrauchswertorientierten Warentausch gekennzeichnet. Man tauschte Öl gegen Weizen, Arbeitsleistungen gegen Essen und Trinken, die Erlaubnis zur Plünderung gegen Waffendienst, Gold und Gewürze gegen Glasperlen und Gemälde gegen Dukaten. Diesem Warentausch entsprach ein an den Ereignissen der Natur orientiertes Zeitverständnis, bei dem die Zeit kein Thema und kein Gegenstand der Organisation war. Kein Geld, keine Zeit. Keine Zeit, kein Geld.

Die in der **Moderne** aufkommende überregionale Zirkulation von Waren machten einen formalen Code notwendig, der nicht mehr nur lokal begrenzt gültig war und der in die unterschiedlichsten Waren und Leistungen übersetzt werden konnte. Diesen Code stellt das Geld dar, das man nicht essen, durch das man sich aber Essen kaufen und hierdurch satt werden kann. Geld lockert personale und soziale Abhängigkeiten in entscheidendem Ausmaß. Es erhöht die Wahlmöglichkeiten und schafft bis dato unbekannte Freiheiten des Denkens und Handelns. Dies jedoch um den Preis von neuen, funktionalen und eher unpersönlichen Abhängigkeiten. Der berühmte Filmemacher Godard hat diese gegenseitige Abhängigkeit in dem ironischen

Satz begrifflich auf den Punkt gebracht: „Wir leben in einer Demokratie, jeder braucht Geld.“ Und entsprechend der Franklin’schen Formel, dass Zeit Geld ist, Zeit also ge- und verkauft werden kann, braucht jeder Zeit. Und um diese Zeit, die alle brauchen und gebrauchen, wird in der Moderne gekämpft. Durch Streik, durch Druck und auch durch Strafen, mit und ohne Terminkalender.

In der Epoche der **Postmoderne** – das ist jene Zeit, in der wir nicht mehr wissen, wohin wir in die Irre laufen – erreicht die Abstraktion vom konkreten Warentausch ihre nächste Stufe: Das konkrete Geld verschwindet im bargeldlosen Zahlungsverkehr. Als Symbol existiert es nur mehr symbolisch. Seine Umlaufgeschwindigkeit erhöht sich damit deutlich. Denn Geld existiert nur mehr als Information und Informationen lassen sich mit Lichtgeschwindigkeit übermitteln, während der Transport von Geldscheinen und Münzgeld Zeit benötigt. Diese Entwicklung sprengt alle irdischen räumlichen und zeitlichen Grenzen. „Globalisierung“ nennen wir es, wenn das Kapital potenziell zu jeder Zeit an jedem Ort der Welt sein oder eben auch nicht dort sein kann. Zu allen Zeiten, quasi zeitlos, der Bankomat macht dies möglich, kommen wir an unser Geld. Egal, ob am Tag oder in der Nacht, ob am Mittwoch oder am Sonntag. Wir können rund um die Uhr, dreihundertfünfundsechzig Tage im Jahr, in jeder Stunde, wohin auch immer, Geld überweisen oder, im glücklicheren Fall, dieses überwiesen bekommen.

In solchen Zeiten lockt uns die Telekom mit dem Versprechen, an die Welt von morgen (digitalen) Anschluss finden zu können:

Bankgeschäfte rund um die Uhr – ein kleiner, kurzer Tastendruck, und alles geht viel schneller. Unabhängig von Schalterzeiten, Wochenenden oder Feiertagen können Sie am heimischen PC Theaterkarten reservieren, die Börsenkurse abfragen oder sogar für den nächsten Urlaub die Last-Minute-Angebote abrufen und sofort buchen. Ganz ohne Ladenschlusszeiten können Sie sich die schönsten Angebote aus dem Versandhandel per Mausklick bestellen. Alles in Sekundenschnelle und ohne einen Schritt vor die Haustür zu machen.

Ganz so stimmt das natürlich nicht, denn den Schritt vor die Haustüre macht man inzwischen elektronisch. Der größte Vorteil dieses „Fortschritts“ ist es offensichtlich, dass man dabei keinen Regenschirm mitnehmen muss.

Please, hold the line

Die Zeitgestalten der Medien, aber auch die Möglichkeiten, mit Medien Zeit zu gestalten, sind äußerst vielfältig. Sie erhöhen nicht selten die kreativen Potenziale der Individuen. Informations- und Kommunikationsmedien zielen in erster Linie darauf ab, räumliche und zeitliche Distanzen zu verringern. Das Trennende des Raumes wird mit möglichst geringem Zeitaufwand überwunden, bis hin zu dem inzwischen erfahrbaren Phänomen, dass Entfernungen gänzlich neutralisiert werden. Räumliche Unterschiede verlieren im weltweiten Netz der Medien ihre Bedeutung für die Kommunikation. Damit erfüllt sich die alte Sehnsucht, den Menschen zu einem engelsgleichen Wesen zu machen.

Engel nämlich sind von den materiellen und den naturgesetzlichen restriktiven Bedingungen, denen die Menschen üblicherweise unterliegen, befreit. Dazu noch von jenen lästigen Nebenfolgen, die die Entwicklung unserer irdischen Hochgeschwindigkeitsverkehrsmittel zur Folge haben. An den Bahnsteigen lässt es sich täglich beobachten: Die Abschiedsriten haben sich in den letzten Jahrzehnten in gravierender Art und Weise verändert. Sie sind in ihrem expressiven Ausdruck erheblich ärmer geworden. Vor zwanzig, dreißig Jahren sah man bei abfahrenden Fernzügen am Bahnsteig viele Paare und Gruppen, die voneinander Abschied nahmen, die sich weinend in den Armen lagen, die mit Taschentüchern (die keine Tempo-Taschentücher waren) hinter den entschwindenden Kindern, Eltern, Freundinnen und Freunden herwinkten. Heute dagegen sind die Bahnsteige voll von sprachlos nebeneinander stehenden oder auf und ab gehenden Menschen, die in ihrer gehetzten und geschäftigen Fortbewegungsattitüde allein gelassen wirken. Die Gewohnheit, Worte des Abschieds durchs geöffnete Abteilfenster auszutauschen, und dies so lange bis sich der Zug in Bewegung setzt, ist aus technischen Gründen abhanden gekommen. Die Fenster lassen sich bei Fernzügen nicht mehr öffnen. Die als Innovation angepriesene Entwicklung bei neuen Hochgeschwindigkeitsexpresszügen, die vor Sonneneinstrahlung schützenden getönten Scheiben, machen die bereits auf visuelle Kontakte geschrumpften Abschiede am Bahnsteig völlig unmöglich. Rettung aber naht. Als engelsgleiche Wesen befreien wir uns von solchen restriktiven Kommunikationsbedingungen. Mit Staunen und Bewunderung habe ich dies kürzlich erfahren: Ein junges Liebespaar umarmte sich zum Abschied zärtlich am Bahnsteig, dann verschwand die junge Frau im Zug, ihr Geliebter blieb allein zurück. Die Trennung aber dauerte nur Sekunden, denn beide zogen ihr Mobiltelefon aus der Tasche und säuselten jene Abschiedsworte ins Handy, die ehemals ein offenes Fenster benötigten. Solche Erfahrung entlastet den kritischen Beobachter. Ein Beleg dafür, dass die Technik anscheinend jene Probleme zu lösen vermag, die sie selbst verursacht. Trost in einer trostlosen Welt.

Thomas von Aquin müsste gelegentlich dieser Entwicklung seine immer noch aktuelle Engelslehre heute zumindest in einem Punkt überprüfen: Niemand, so sein entschiedener Hinweis, kann ein wahrer Christ sein, der nicht an die Engel glaubt. Heute aber glaubt man eher an sich und an die kommunikationsgestützten Möglichkeiten, zum Engel werden zu können. So gesehen sind Engel heute eigentlich überflüssig. Ihre Botenfunktion wird in einer Dienstleistungsgesellschaft, in der ja alle Menschen zu Boten werden müssen, schlichtweg überflüssig. Wer heute Engel sucht, muss dies am Arbeitslosenschalter des Arbeitsamtes tun. Dort stehen sie und warten darauf, dass sie jemand beschäftigt.

Wie die Bahn AG täglich die deutsche Geschichte umschreibt

„Geehrte Bahnreisende" – so dröhnt es aus den Lautsprechern auf Gleis 7; „Leo von Klenze hat heute leider 15 Minuten Verspätung, sodass der Anschluss an Hildegard von Bingen leider nicht gewährleistet ist. Wir bitten um Ihr Verständnis." Es hätte mich ja auch gewundert, wenn Leo von Klenze und Hildegard von Bingen zur gleichen Zeit am gleichen Ort zusammenträfen. Interessant aber wär's schon, die beiden mal gemeinsam anzutreffen. Vielleicht hätte die Hildegard dem Leo ein kleines Kräutersäckchen mitgebracht und der Leo sich mit einer Modellzeichnung für ein neues Frauenkloster in den Weinbergen des Rheingaus revanchiert. Vielleicht? Aber es sollte nicht sein, jedenfalls nicht an jenem Tag, an dem ich unterwegs war.

Eventuell, ja hoffentlich, klappt das Treffen von Theodor Fontane mit Marie-Luise Fleißer besser, obgleich es die Geburtsstatistik wahrscheinlich macht, dass Frau Fleißer etwas auf Fontane warten muss. Georg Philipp Telemann jedoch kann die beiden laut Fahrplan nur mit einstündiger Verspätung bei ihrem Treffen beobachten, um dieses, wenn er denn gut aufgelegt ist, musikalisch zu begleiten. Besser jedoch, er trifft Clara Schumann. Aber wo, und welche Verspätung würde sie tolerieren? Vielleicht klappt's ja doch, da Seppl Herberger in Göttingen wegen eines Triebkopfschadens – übrigens eine begriffliche Höchstleistung der Bahn, nach der Freud zeit seines Lebens vergeblich suchte – also wegen eines Triebkopfschadens ausgetauscht werden musste. Als Ersatzzug steht Roswitha von Gandersheim zur Verfügung. Zweifelsohne eine ganz passable Alternative.

Ach ja, die Bahn AG, sie sorgt für viele Verbindungen, auch über die Jahrhunderte hinweg.

Tausend Jahre sind für sie wie ein Tag. Die Bahn scheint in die Kirche eingetreten zu sein. Was machen da schon ein paar Minuten Verspätung aus? Kleinigkeiten, aber oft mit großer Wirkung – denn nur so fällt das Treffen von Hildegard von Bingen und Leo von Klenze heute leider aus. Wegen 15 Minuten, das ist dann doch etwas kleinlich. Ja, nicht alles klappt eben im Leben und bei der Bahn noch etwas weniger. Vielleicht liegt das ja daran, dass wir in der Post- und nicht in der Bahnmoderne gelandet sind. Wie auch immer, zum Schluss noch eine kleine Bitte an die verantwortlichen Namensgeber: Könnten Sie da bei der Bahn in Zukunft auf die doch etwas obszön klingende Ankündigung verzichten, Gabriele Münter verkehre zwischen Stuttgart und München.

Gegen den Uhrzeigersinn

Der Wolf, die Uhr und das siebte Geißlein

Was ist die Lehre, die uns das beliebte Märchen vom Wolf und den sieben Geißlein vermitteln will? Es gibt nicht nur eine, aber für jemanden, der sich für die Kultur unseres Umgangs mit der Zeit interessiert, gibt es eine nahe liegende.

Das siebte, das kleinste Geißlein, entgeht dem gefräßigen Wolf, wie bekannt, durch die Flucht in einen Uhrenkasten. Vordergründig mag man folgern, dass es die Uhr ist, die der kleinen Ziege das Leben rettet. Tiefgründiger jedoch ist die Botschaft, dass es jene Orte sind, von denen man die Uhrzeit nicht sehen kann, die überlebensfähig machen. Die Uhr bietet Schutz und Geborgenheit, aber nur jenseits des Ziffernblattes. Dort, wo sie die Zeit nicht anzeigt, ist man sicher. Dass uns die Uhr rettet, das glauben wir ja bereits seit 500 Jahren – aber bisher haben wir die Rettung nie dort gesucht, wo sie eigentlich zu finden wäre, auf ihrer zeitlosen Seite.

Man tickt nicht immer richtig

Nicht zuletzt um fremde Menschen, aber auch um uns nicht geläufige Zeiten und deren menschengemachte Ordnungsvorstellungen kennen zu lernen, begeben wir uns gerne in ferne Gegenden dieser Welt. Um solche ungewöhnlichen Erfahrungen zu machen, muss man aber nicht immer weite Strecken zurücklegen. Ein Sommerurlaub in Irland genügt manchmal.

Anfang August, ein ungewöhnlich heißer Tag ist von einer lauen Nacht abgelöst worden, entwickelt sich die Sehnsucht nach einem kühlen Bier. Man muss im Westen Irlands, hat man mal eine bewohnte Siedlung gefunden, nicht lange nach einem Ort suchen, der die Befriedigung dieses Bedürfnisses verspricht. Es war kurz vor Mitternacht, der Durst war immer noch nicht völlig gelöscht, als ich den Iren, der mir soeben ein drittes Bier zapfte, fragte: „Wann schließt denn Ihr Pub?" Seine Antwort: „Im November."

In dieser Nacht erfuhr ich die Großzügigkeit jener, die im Monats- statt im Stundentakt denken und organisieren. Schlagartig hatte ich meine Angst verloren, im Laufe meines Aufenthalts in Irland verdursten zu können. Und nur dort, wo man keine Angst zu haben braucht, fühlt man sich wohl.

Aber das ist kein Grund sentimental zu werden, denn hinter dem Schankkellner mahnte ein Schild: „Please, don't tell me your life story."

Zum Jungsein verurteilt

Die älteren Menschen wollen heute nicht alt sein, und sie dürfen es auch nicht. Alter ist nicht mehr länger ein Zeichen von Weisheit und Erfahrungssattheit. Dazu tragen die Jungen genauso bei wie die Alten selbst. Bei ihren teilweise verzweifelten Lernbemühungen geht es Letzteren häufig gar nicht ums Lernen. Es geht ihnen vielmehr um den Eindruck, jung zu erscheinen. Nicht selten ist es ein Anblick, der zwischen Tragik und Komik oszilliert, wenn sich 65-Jährige quälen, um das Abitur nachzumachen, 70-Jährige einen Computerkurs besuchen und sich 80-Jährige zwischen die Studenten an den Universitäten klemmen, um ihre Promotion in Angriff zu nehmen. So etwas lässt eher große Verzweiflung als eine hohe Bildungsmotivation vermuten.

Bis vor langer Zeit war es das Privileg älterer Menschen, die Ordnung eines auf irdischen Erfolg ausgerichteten Lebens folgenlos verlassen zu können. Diese Zeiten sind vorbei. Nicht mehr länger ist das Alter die Befreiung von dem Zwang, sich und anderen beweisen zu müssen, dass man auf Erden erfolgreich und vital ist. Das Recht, schwach und kontemplativ sein zu dürfen, wird jenen genommen, die aufs lebenslange Lernen hin verpflichtet werden. Vielleicht ist diese Verurteilung zu lebenslänglicher Vitalität ja nichts anderes als die Furcht vor dem Sachverhalt, dass die Alten, die nicht auch weiterhin zum Erfolg gezwungen werden, jene Wahrheit ausplaudern könnten, dass es sich eigentlich gar nicht lohnt, immer erfolgreich sein zu müssen.

Die Natur kennt kein „zu spät"

Robert Walser notiert in seinem Brief „An einen Entwickelten" aus dem Jahre 1926:

Zu Deinem berühmten „Zu spät" möchte ich mir erlauben zu bemerken, dass es von Natur wegen nie zu spät ist, Vernunft, Güte, einige Liebe usw. an den Tag zu legen, Elemente, die in und an sich sind, was sie sind und sich nicht um irgendwelchen Ansehen willen manifestieren. Ändere ich mich beispielsweise, so tu ich das nicht um der Gesellschaft willen, sondern durchaus nur mir selber zu lieb, denn in der Änderung liegt ja für mich eine Freude, und gegenüber der Freude, die ich mir dadurch bereite, dass ich mich bildend bewege, sinkt jenes „Zu spät" in eine absolute Wirkungslosigkeit hinab, ich meine damit, dass es sinnlos ist, mir zu sagen, es sei zu spät, wenn ich in diesem unglücklichen Zustand des Zuspätgekommenseins mich so und so oft verstanden habe, glücklich zu machen, worauf es ja, wie wir alle genau wissen, einzig und allein ankommt.

Zusätzlich kommt es darauf an, dies zur Kenntnis zu nehmen – dann könnte man vielleicht sogar Konsequenzen daraus ziehen.

Andere Orte, andere Zeiten

Ein Schotte, mit sehr viel Sympathie für die Normabweichungen der irischen Bevölkerung ausgestattet – besonders wenn sich diese gegen die Engländer richtet –, erzählte mir folgende Episode: Ein vom Manchestergeist inspirierter Engländer kam geschäftehalber in die Republik Irland. Am Bahnhof in Dublin, der Endstation des Zuges, versuchte er sich zeitlich zu orientieren. Dies jedoch fiel ihm schwer, da alle vier Uhren, die er entdeckte, voneinander abweichende Zeiten anzeigten. Die dadurch verursachte Irritation bewog ihn zu der vorwurfsvollen Frage an den soeben vorbeigehenden Stationsvorsteher: „Sagen Sie mal, was für einen Sinn haben denn vier Uhren, wenn sie alle eine unterschiedliche Zeit anzeigen?" Der irische Bahnangestellte antwortet ihm postwendend mit der Gegenfrage: „Welchen Sinn haben denn vier Uhren, wenn sie alle die gleiche Zeit anzeigen?"

In diesem Moment wusste der englische Geschäftsmann, dass er nicht nur an einem anderen Ort, sondern auch in einer anderen Zeit angekommen war. Ob er das genießen konnte, ist unbekannt.

„Kurz und Fündig“

„Kurz und Fündig“, so heißt ein Wochenblatt, das inzwischen im Raum München zu einer Art Kultzeitung geworden ist. Dieses Anzeigenblatt stellt einen hochsensiblen Seismographen für all das dar, was zu einer bestimmten Zeit einen Wert und einen Preis hat. Was läge näher, dieses empirisch höchst aussagekräftige Material heranzuziehen, wenn man die These belegen will, dass heutzutage die Uhren durch die Mobiltelefone abgelöst werden.

In den neunziger Jahren des 20. Jahrhunderts existierten in „Kurz und Fündig“ noch mehrere Unterkategorien bei den zum Verkauf angebotenen „Uhren“ (insbesondere traf dies auf die unterschiedlichsten Angebote von Swatch-Modellen zu). Diese Differenzierung ist neuerdings weggefallen. Seit dem Jubiläumsjahr 2000 gibt es nur noch eine einzige Kategorie bei den „Uhren“. Genau umgekehrt verläuft jedoch die Angebotsdifferenzierung bei den Mobiltelefonen. Gerade recht zum Millennium wurde die Fülle der Handy-Angebote nach Markenartikeln klassifiziert. Dies ist ein offensichtlicher Beleg für den Sachverhalt, dass der Zeitgeist aus der Uhr entflohen ist und im Mobiltelefon seine neue Heimat gefunden hat. Die Veränderung des Zeitgeistes findet nicht, wie immer wieder angenommen, in den heiligen Hallen der Kulturinstitute statt. Will man ihn identifizieren, dann kann man das Kurz in Fündig.

Vorbei, vorbei

Wir wissen es, weil wir es täglich erfahren: Die Zeit muss sich immer häufiger ökonomischen Imperativen unterordnen. Jetzt aber, so werden wir informiert, hat es ein Ende mit der Versklavung der Zeit. Sie wird nämlich abgeschafft. Die Bank 24, eine wohlerzogene Tochter der Deutschen Bank, verspricht uns großformatig in den Tageszeitungen, dass wir uns, dank ihrer tätigen Unterstützung, von Raum und Zeit befreien können. Ob das kein Eigentor ist? Nur Toten gelang dies nämlich bisher. Konsequenterweise hätte das in der Anzeige versteckte Versprechen seinen rechten Platz bei den Todesanzeigen finden müssen. Wer die Zeit abschafft, schafft sich selber ab. Glücklicherweise scheint bisher niemand der Aufforderung der Bank 24 zum Selbstmord nachgekommen zu sein.

Mit großer Wahrscheinlichkeit auch stammt dieser Satz nicht aus der Feder eines versehentlich in einer Werbeagentur gelandeten Philosophen. Eher müssen wir davon ausgehen, dass solch wenig frohe Botschaft dem Hirn eines übermotivierten und vom Monetarismus infizierten Bank-Yuppies entsprungen ist. Die Banken nämlich sind es, die heute für sich das Recht in Anspruch nehmen, die Zeit nicht nur zu gebrauchen, sie wollen sie machen und auch verbrauchen. Diesbezüglich scheinen sie inzwischen soweit gekommen zu sein, dass das Ende der Zeitnutzung in Sichtweite ist. Um diesen Zustand aber nicht als Krisensymptom anerkennen zu müssen, definieren sie ihn für sich und andere zum Freiheitsversprechen um. Verführt von der Illusion, unabhängig von Raum und Zeit zu sein, verliert der postmoderne Banker den Sachverhalt eigener Endlichkeit aus den Augen und wird blind gegenüber der zeitlichen Wirklichkeit.

Man kann die Zeit genauso wenig wie den Wind machen – man kann sie und ihn im besten Falle nutzen. Die Therapie gegen solche Realitätsverleugnung heißt: Faust lesen! Dort warnt Mephisto:

In jeder Art seid ihr verloren,
die Elemente sind mit uns verschworen,
und auf Vernichtung läuft's hinaus!

Diesbezüglich haben wir uns getäuscht

Die Hoffnung, durch die Beschleunigung der Beschleunigung der Zeitnot zu entkommen, hat sich als trügerisch herausgestellt.

- Nicht wir, so wie wir uns das vorstellen und wünschen, beherrschen die Zeit, die Zeit beherrscht uns.

- Wir haben uns gegenüber Zufällen in erster Linie durch Versicherungen abgesichert. Aber in unserem zeitlich ausoptimierten Alltag schlägt der Zufall, je enger wir die Zeit organisieren, umso häufiger zu.

- Unser Streben, uns vom steigenden Zeitaufwand zu entlasten, ist dann illusorisch, wenn es darauf gerichtet ist, noch mehr zu erleben und zu erreichen. Dies nämlich erfordert wiederum einen erhöhten Zeitaufwand. Für solche Zeitgewinne gilt die Alltagsweisheit: „Kaum gewonnen, so zerronnen.“

- Ununterbrochen suchen wir „Zeit“ und finden doch immerzu nur Uhren und Kalender. Irgendetwas machen wir falsch. Könnte es sein, dass wir die Zeit nicht suchen, sondern dass wir uns von ihr finden lassen sollten?

- In unserer Zeit-ist-Geld-Kultur wird uns eingeredet, Zeit, die keinen Preis hat, sei ohne Wert. Und immer wieder erfahren wir, dass nur jene Zeit wertvoll ist, die keinen Preis hat. Die Stunden, die zählen, sind die Stunden, die nicht gezählt werden.

– Unser Bemühen ist darauf gerichtet, der Zeit eine Ordnung zu geben. Diese Zeit kann man sich sparen. Es geht nämlich darum, sich in der Unordnung der unterschiedlichen Zeiten zurechtzufinden.

Zeit Im Pulse

Zeitnehmer

Man kann bei Langstreckenläufern ein seltsames Ritual beobachten. Kaum haben sie das Ziel durchlaufen, als Sieger oder als Platzierte, greifen sie an ihr Handgelenk und drücken einen Knopf an ihrer Stoppuhr. Kein olympischer Sportler der Antike hätte dies, vorausgesetzt die Armbanduhr wäre nicht erst vor 100 Jahren auf dem Markt aufgetaucht, jemals getan. Und zwar nicht deshalb, weil es damals keine Chronometer gab, sondern weil man im antiken Sportgeschehen nicht gegen die Zeit der Uhr, sondern gegen Mitkämpfer lief. Die Zeit, die man beim Lauf benötigte, war ehemals völlig uninteressant. Es gab damals keine Bestzeiten, keine schnellsten Runden – und trotzdem gab es Sieger und Verlierer. Man kämpfte gegen menschliche Gegner und nicht gegen den Lauf der mechanischen Zeiger und auch nicht gegen eine elektronische Zeitmessung. Zeitnehmer, lebende, mechanische oder elektronische, sind eine moderne Erfindung. Sie haben eine unvergleichliche Erfolgsgeschichte vorzuweisen – nicht nur beim Sport, auch und insbesondere in der Arbeitswelt. Chaplin hat diesen Zeitnehmern in den „Modernen Zeiten“ ein einfühlsames Denkmal gesetzt, das man besser als Mahnmal begreifen sollte.

Kalt und windig

Mit der Erfindung der mechanischen Uhr hat sich die Menschheit eine Macht angeeignet, über die, aus christlicher Sicht, ehemals nur Gott verfügen konnte und durfte – es ist die Macht, die Zeit zu bestimmen. Da es dabei um Einfluss ging – und es immer noch darum geht –, stellte sich damals wie heute die Frage, wer bestimmt die Zeit, wer besitzt die Macht über Kalender, Zeitmaße und Zeitplanungssysteme und wer versucht sie zu erobern.

Was die Zeit betrifft, ist im 21. Jahrhundert unser Gottvertrauen weitgehend auf das Ende der menschlichen Zeit, auf den Tod hin eingeschrumpft. Dass wir auch diesbezüglich versuchen, die Zeiger in die Hand zu nehmen, ist nur konsequent. Dies hat aber, im doppelten Sinn des Wortes, einen Preis. Teuer bezahlen müssen wir die Uhren, die Wecker, die Zeitplanungssysteme und auch die Zeitmanagementseminare. Zeit ist zu Geld geworden, seitdem wir sie Gott aus der Hand nahmen, um mit dieser geraubten Zeit Geld zu verdienen. Heute werden wir gezwungen, selbst die vielen Entscheidungen zu treffen, bezüglich unserer Zeiten und der der anderen. Wir sind genötigt, selbst Prioritäten zu setzen und Zeitordnungen im privaten und öffentlichen Raum herzustellen. Das bedeutet, täglich den Wecker selber zu stellen. Dies aber geht uns nicht selten auf denselben.

Die Zeitfreiheit ist zum Zeitzwang geworden. Immer und überall müssen wir auf der Höhe der Zeit sein. Dort aber, das wissen Bergsteiger aus Erfahrung, ist es meistens kalt und windig und es gibt, außer dem Mitgebrachten, nichts zu essen. Haben wir uns dieses Schicksal so vorgestellt und warum haben wir es uns so sehr gewünscht?

Warum wird an der Uhr gedreht?

Wenn wir zweimal jährlich die Uhr umstellen, also Sommer- und Winterzeit realisieren, dann ist das nicht viel mehr als ein der Nostalgie geschuldetes Ereignis. Es sind zwei Tage der rückblickenden Besinnung: Wir werden daran erinnert, dass die Zeit menschengemacht ist, dass wir sie auch anders ordnen könnten.

Nicht nur die Zeit muss gut geordnet werden, auch die Veränderung der Zeitordnung soll ordentlich vonstatten gehen. Das tut sie ja. Längst sind es keine Revolutionäre mehr, die sich an der Uhr zu schaffen machen, wie ehemals die französischen und die russischen Umstürzler. Heute werden die symbolischen Akte der Zeitmanipulation von demokratisch legitimierten Institutionen verabschiedet und von Zeit-Technokraten exekutiert. Das Europaparlament übt die Herrschaft aus – dieses bestimmt nämlich, wann wir unsere Uhren umstellen müssen. So können sich die Parlamentarier, auch wenn sie sonst wenig zu entscheiden haben, als die „Herren der Zeit" fühlen. Zumindest sind sie die Herren zweier Geisterstunden.

Längst aber ist der Zug der Zeit wo ganz anders hin abgefahren. Die Uhr und deren Zeit haben ihre Schuldigkeit getan. Auch wenn die beiden Tage, an denen wir, wie immer wieder gerne in einem Anflug von Selbstüberschätzung formuliert wird, „die Zeit umstellen", so ist es selbstverständlich doch nur die Uhr, und nicht die Zeit, an der wir drehen. Zwar wird an jenen beiden Tagen im Frühjahr und im Herbst häufiger als sonst auf die Uhr geschaut, aber trotzdem leben wir heute immer weniger nach der Zeitangabe des Chronometers. Das Mobiltelefon hat sie überflüssig gemacht. Auf dessen Display erfragen wir die Uhrzeit. Wir lassen uns von ihm wecken, machen mit seiner Unterstützung schnelle Verabredungen, lassen diese wieder platzen und informieren uns über das, was unseren Geschäften und unserer Geschäftigkeit nutzt.

„Ich trage wo ich geh und stehe, stets eine Uhr bei mir“, behauptete der frühromantische Balladenkomponist Carl Löwe vor 150 Jahren. Heute könnte er das gleiche vom Mobiltelefon vermelden.

Der Blick zur Uhr

Im Turm der Silvesterkirche des bayrisch-schwäbischen Mindelheim, existiert seit 1979 ein reichhaltiges Museum für Turmuhren. Dieses, und dies ist ja die Absicht aller Museen, erzählt von vergangenen Zeiten. In Mindelheim aber gelingt ihm das in doppelter Hinsicht. Die Turmuhr nämlich gehört zu den verflossenen Zeiten.

Der Gründer des Museums fing in den sechziger Jahren an, Turmuhren zu sammeln. In jener Zeit, als diese im Lande reihenweise abmontiert wurden. „Ich wollte nicht", so begründet er seine Sammlerleidenschaft, „dass eine 200 Jahre lange Geschichte, eine ganze technische Epoche, von einem Jahrhundert zum anderen spurlos zu Ende gehen sollte." Mehr als 50 alte, ausrangierte Turmuhren hat er gesammelt. Sie sind ein Dokument dafür, dass eine lange Epoche ihrem Ende entgegengeht, die der Moderne. Turmuhren standen am Anfang eben dieser modernen Zeiten, die vor mehr als einem halben Jahrtausend begannen. Deren Musealisierung zeigt, dass die von weit her sichtbaren und hörbaren Uhren und Schlagwerke heute ihre Funktion eingebüßt haben. Uhren sind zu einer Privatangelegenheit geworden, weil die Zeit privatisiert wurde. Nicht mehr länger müssen sich alle Bewohner eines Ortes nach der das Alltagsleben ordnenden Zeit des Kirchturms ausrichten. Sie müssen und wollen heute zeitlich flexibel sein, richten sich nach den wechselnden Arbeitserfordernissen, nach den vielen Fernsehprogrammen, manchmal auch nach ihren Kindern oder ihren jeweiligen Freizeitbedürfnissen. Kaum jemand weiß heute, schaut er auf die eine oder andere noch existierende und funktionierende Turmuhr oder hört deren Stundenschlag, was die

Stunde geschlagen hat. Wer fühlt sich dann noch aufgefordert, das zu tun, was die Mitmenschen in ihrer Umgebung auch tun? Wer lässt sich noch durch den Glockenschlag motivieren, aus dem Bett aufzustehen, zu Mittag zu essen, sich nach Hause zu begeben oder mit Gott zu sprechen?

Um uns zu orientieren, benötigen wir keine Turmuhren mehr, das leisten wir heute durch Informationen, die uns Fernsehprogramme oder Radiowecker ins Haus liefern. Der himmelwärts gerichtete Blick zur Turmuhr wandert zusammen mit den Turmuhren ins Museum. Dort aber sind die Uhren um ihre orientierende Funktion gebracht. Sie dienen der musealen Unterhaltung, nicht mehr der regelmäßigen Orientierung im Vergänglichen. Wie aber ließe sich der verloren gegangene Blick zur hochgehängten Zeit aufbewahren? Nicht mehr länger nämlich gelingt es, uns erhobenen Hauptes auf die Zeit einzulassen. Wir blicken heute nach unten, wenn wir auf der Armbanduhr nachsehen, wie spät es ist. Dieser Blick aber ähnelt allzu sehr jenen Unterwerfungsgesten, die man aus feudalistischen Zeiten kennt. So schleichen sich längst vergangen geglaubte Zeiten in unser Leben wieder neu ein.

Ist Pünktlichkeit heilbar?

Pünktlichkeit kann man lernen. Wir pünktlichen Menschen wissen das, nicht zuletzt weil wir es am eigenen Leib erfahren haben. Seit etwa 250 Jahren investiert die Pädagogik viel Zeit und Mühe, um den pünktlichen Menschen zu produzieren. Mit viel Erfolg, wie uns von Menschen anderer Zeitkulturen immer wieder bestätigt wird. Aber niemand hat bisher die Frage gestellt, was eigentlich aus der Pädagogik hätte werden können, wenn sie ihre Kraft und Energie nicht immer wieder so intensiv auf die Pünktlichkeitserziehung konzentriert hätte. Und was, das ist die noch viel wichtigere Frage, hätte aus den Menschen werden können, wenn die Pünktlichkeitserziehung nicht so überaus erfolgreich gewesen wäre?

Pünktlichkeitserziehung ist Erziehung zu Uhrzeit-Disziplin. Diese hatten wir von jenem Zeitpunkt an nötig, als wir uns von der Zeitordnung der Natur unabhängig zu machen versuchten. Es war der Augenblick, an dem die Menschen die Ordnung der Zeit in die eigene Hand genommen hatten. Ab diesem Moment galt es, sich zeitlich zu disziplinieren. So ist die Pünktlichkeit, die im Übrigen häufig mit Zuverlässigkeit verwechselt wird, zu einer der wichtigsten Sekundärtugenden geworden.

Heute werden die nicht ganz unproblematischen Spätfolgen dieser menschengemachten Uhrzeit-Ordnung sichtbar. Zu diesen gehören die neuerdings überall zu vernehmenden lauten und leisen Appelle, sich doch etwas flexibler zu verhalten. Haben wir's bei der Pünktlichkeitserziehung übertrieben? Umerziehung scheint anzustehen. Nicht mehr jene, die zu spät kommen, werden heute vom Leben bestraft, sondern diejenigen, die pünktlich sind.

Pünktlichkeit wird als heilbar erkannt. Das in unserer echtzeitbeschleunigten Moderne am meisten dagegen angewendete Mittel heißt „Flexibilität". Aber Vorsicht, wie jede Zeitordnung hat auch diese Nebenfolgen. Bezüglich der Risiken und Nebenwirkungen gibt es bisher jedoch noch keine Packungsbeilage.

Zeit ist relativ

„Also, junger Mann, gibt es die Zeit, was meinen Sie?“, fragt das Mathematikgenie Kurt Gödel den jungen Automechaniker Edward im Kinofilm: „IQ. Die Liebe ist relativ“. Edward antwortet nach kurzem Zögern: „Ich habe gerade was darüber gelesen. Da sind Zwillinge. Der eine von ihnen verlässt die Erde in einem Raumschiff mit Lichtgeschwindigkeit, und der andere lebt weiter auf der Erde. Der Bruder, der die Reise ins Weltall gemacht hat, kommt nach vielen Jahren zurück und ist noch jung. Sein Zwilling auf der Erde ist im Gegensatz dazu sehr alt. Also, wer ist Ihrer Ansicht nach der glücklichere von beiden?“ – „Der Jüngere“, meint Gödel ohne jeden Zweifel. „Nein“, korrigiert ihn Edward, „der, der hier geblieben ist.“ – „Wieso?“ fragt verblüfft der Mathematiker. „Weil er ein erfülltes Leben hatte. Er hat erfahren, was Liebe und Schmerz sind, Familie und Freunde. Und der, der unterwegs war, an dem ist die Zeit vorbeigegangen.“

Macht Uhrzeit frei?

So wie im Laufe der Geschichte die Menschen immer wieder bemüht waren, sich mit technischen Mitteln von ihrer beschränkten räumlichen Mobilität und ihren beengten Verhältnissen zu befreien, beispielsweise durch die Erfindung des Rades, der Dampfmaschine, des Düsentriebwerks, so taten sie dies auch mit ihren zeitlichen Schranken und Grenzen. Dafür erfanden sie Zeitmessgeräte.

Nun weiß man nicht erst seitdem Goethe die Figur des Zauberlehrlings erfand, dass größere räumliche und zeitliche Unabhängigkeit von innerer und äußerer Natur mit wachsender Abhängigkeit von eben jenen technologischen Entwicklungen einhergeht, die für einen vergrößerten Freiheitsspielraum entwickelt wurden. Das Ergebnis ist heute sichtbar. Wir sind weniger von der Natur, weniger von kosmischer Zyklizität und auch weniger von sozialer Hierarchie beherrscht. Zumindest haben wir die Illusion, dass es so ist. Der Preis dafür: Wir müssen uns in erheblich größer gewordenem Umfang als früher selbst beherrschen. Die Geräte, die Techniken und die Technologien wurden zu einem unverzichtbaren Teil von uns selbst. Die Uhr etwa ist nicht nur ein Zeitmessgerät geblieben, sie ist zur moralischen Instanz für unser Handeln geworden. Nur weil es Uhren gibt, sehen wir uns gezwungen, uns zu entschuldigen oder nach einer Ausrede zu suchen, wenn wir uns bei einer Verabredung verspäten. Nur weil es die Uhr gibt, kommen wir in einer ganz bestimmten Form miteinander in Kontakt bzw. vermeiden ihn. Wildfremde Menschen etwa sprechen uns an und fragen nach der Zeit, andere Personen treffen wir nicht, weil wir keine Termine für sie haben. Gespräche werden durch die Formel abgebrochen: „Entschuldige, aber ich muss jetzt weiter“, andere kommen zustande, weil man sich für ein Treffen Zeit reserviert hat, eine Zeit, die man wiederum Dritten verweigert.

Mit Uhren und Terminkalendern beherrschen wir unser individuelles und unser soziales Verhalten, unsere Affekte und unsere Bedürfnisse. Wir machen das, was Freud „die Umsetzung von äußerem Zwang in inneren Zwang“ nannte. Immer weniger werden wir nämlich gezwungen, das zu tun, was andere wollen. Dafür müssen wir uns immer häufiger selbst dazu zwingen, das zu tun, was andere wollen. Der erhoffte ganz große Freiheitsgewinn ist das sicher nicht. Denn die Distanz zur Natur, die man mithilfe technischer Mittel erlangte, befreit nicht von dieser. Man bleibt ein Teil von ihr. Der Tod nämlich steht nicht im Terminkalender. Daher gilt der Bacon'sche Satz heute wie damals: „Wer die Natur beherrschen will, muss ihr gehorchen.“ Wie aber hätte das zu geschehen? Eben dies ist die zentrale ökologische Frage, die zuallererst auch eine zeitökologische ist.

Höchste Zeit

Innerhalb der Kirchen gibt es (bis auf einige Ausnahmen) keine Uhren. Der kirchliche Raum spiegelt zuallererst die Zeitlosigkeit der göttlichen Herrschaft wider. Umso mehr Uhren gibt es außerhalb der Kirchen, insbesondere an deren Türmen. Warum eigentlich? Die einfache Antwort: Damit man die Zeit besser sehen kann. Der Mensch besitzt keinen eigenständigen Zeitsinn. Daher muss er die Augen und die Ohren gebrauchen, um zu erfahren was die Stunde geschlagen hat. Für die Augen wurden Uhren angebracht, für die Ohren Glocken in den Türmen installiert. Da das höchste Bauwerk bis ins 20. Jahrhundert hinein in den allermeisten Gemeinden der Kirchturm war, wurden dort die Zeitanzeiger angebracht. Allen Stadtbewohnern und auch all jenen, die in ländlichen Regionen auf ihren Feldern arbeiten, zeigte die Kirchturmuhr an, wie spät es ist.

Nachdem Gott gegen Ende des Mittelalters seines zeitlichen Monopols beraubt wurde, kämpften die weltlichen Machthaber um dieses eroberte Gut. In erster Linie waren dies Landesherren, Stadtobere, Handelsherren und die irdischen Verwalter des göttlichen Erbes, die Mächtigen der Kirche, die sich darum stritten. Nutzten Erstere die uhrengesteuerte Zeitordnung primär für die Ordnung des auf Arbeit und Handel ausgerichteten Lebens, so die Vertreter der Kirche, um die Ordnung des Gottesdienstes (Gebetszeiten, Kirchgang usw.) abzusichern. Das verlief nicht immer konfliktfrei – im Filmklassiker „Don Camillo und Peppone“ sind die Uhrenkämpfe zwischen Bürgermeister und Pfarrer bildlich nachzuerleben. In den meisten Fällen jedoch wurden Kompromisse dergestalt getroffen, dass die Uhren an den Kirchtürmen von der kommunalen Administration angeschafft, gewartet und selbstverständlich auch bezahlt wurden. Noch heute werden von der Stadt München 114 Kirchenuhren, so genannte öffentliche Uhren, am Laufen gehalten – mit einem finanziellen Aufwand von jährlich 150 000 Euro. Weitgehend jedoch handelt es sich dabei um städtische Ausgaben, die dem Nostalgiebedürfnis der Stadtbewohner sowie den Anforderungen des Denkmalschutzes gerecht werden. Turmuhren sind die Saurier des Uhrenzeitalters – Chronosaurier im Freiluftmuseum. Nachdem die Zeitangabe vom Kirchturm ans Handgelenk der Stadt- und Landbewohner gewandert ist, haben die „höchsten Zeiten" ihre orientierende Funktion verloren. Trotzdem wirft man jüngst wieder einen begehrlichen Blick auf die kircheneigenen Turmbauten. Wieder sind es die irdischen Machthaber, die sie für ihre Zwecke zu nutzen gedenken. Die Mobilfunkbetreiber nämlich haben die Kirchtürme als Basis ihrer Sendeanlagen entdeckt – und sie locken mit viel Geld. Widerstand formiert sich mithilfe der Moral: Man dürfte ein Gotteshaus nicht um des Mammons willen zweckentfremden. Ein einsichtiges Argument, wenn das nicht bereits seit 500 Jahren mithilfe der städtischen Uhren geschehen wäre. Die Kirchtürme werden nur auf den neuesten Stand der technischen Entwicklung gebracht – die Moral ändert sich dabei nicht. Trotzdem bleibt die Frage aktuell: In welchem Umfang soll auch die Kirche Zeit zu Geld machen? Die weitergehende Frage aber ist: Wo wird die Botschaft verkündet, innerhalb der Kirche oder von der Spitze des Kirchturms?

Nicht alles Gute kommt von oben.

Schnell – lernen

Die Schule ist dafür da, die Heranwachsenden auf die Gesellschaft und deren Anforderungen vorzubereiten. Diese Funktion erfüllt sie auch. Manchmal deutlicher, als man sich das wünscht. Ein Arbeitsblatt aus dem Erstleseunterricht lässt keinen Zweifel an dem Sachverhalt, dass auch Kinder und Großmütter gut integrierte Teile unserer Hochgeschwindigkeitsgesellschaft sind – zumindest sollen sie es werden.

Denn wenn die Kinder groß sind, dann sollen sie das tun, was die Industrie von ihnen verlangt:

Denk schneller. Deine Idee von heute wird in fünf Jahren überholt sein. Die ganze Welt ist Dein Wettbewerb. Du musst nicht erfinden, was Du kaufen kannst. Finde heraus, wo das Problem ist. Such nicht nach etwas Perfektem. Tu endlich was. Lieber nur 98,5 % als 1,5 Jahre zu spät – oder zu teuer. Perfektion ist Zeitlupe. Phantasie ist Lichtgeschwindigkeit. Wie schnell warst Du heute?
(ABB-Konzern)

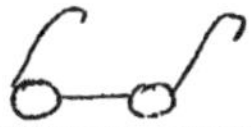 Wir lesen toll

1 Si	Js	so	Ra
So	As	si	Ro
Sa	Os	sa	Ri

2 rot	S	M
ro	Sa	Mi
r	Sala	Mis
ro ros	salam	Mist
rosa	salami	ist

3 Mimi rast mit Oma los.
Sissi rast mit Lotta los.
Mimi rammt Oma.

O Oma
Timo rammt Sissi.
O Sissi
Sissi ist am Arm rot.
Oma ist am  rot.

Wir haben es gesagt bekommen

Hans Christoph Binswanger, ein ökonomisch bewanderter Gelehrter von der Hochschule in St. Gallen, hat Goethes „Faust" in einer höchst originellen und lehrreichen Art und Weise interpretiert.

Faust wettet mit Mephisto, so Binswangers Interpretation, um die „Zeit", denn er glaubt – wie der moderne Mensch – nicht mehr an eine Zeit, die jenseits des Diesseits existiert. Die Erfüllung der Wünsche muss also – wenn sie denn überhaupt jemals erfolgt – auf der Erde geschehen. In der Wette zwischen Faust und Mephistopheles geht es daher um die Frage, ob es möglich sei, mithilfe ökonomischen Handelns den Augenblick des höchsten Glücks zu erreichen. Diesen eben will Faust, und mit ihm die gesamte moderne Menschheit, festhalten. Die Grundlagen dafür sind, so Goethe mit einer Pointierung wie es kein ökonomisches Lehrbuch besser könnte, die Geldschöpfung sowie das Eigentumsrecht (als das Recht, die Natur zu beherrschen), und der Einsatz von Energie und Maschinen. Goethe aber macht uns, neben der inzwischen gut belegbaren wohlstandsfördernden Funktion dieser Grundlagen des erhofften Glücks, auch auf die Gefahren aufmerksam, die sie, wie eine Schleppe, mit sich führen. Eben diese sind wir heute gezwungen zur Kenntnis zu nehmen.

Nach Binswanger sind es drei Bedrohungen, auf die Goethe am Ende seines Dramas aufmerksam macht:

Erstens: Die Vernichtung des Schönen
Zweitens: Die Erhöhung der Risiken
Drittens: Der Verlust der Gegenwart durch die permanente Sorge um die Zukunft

Die Größe und die Aktualität des Goethe'schen Dramas zeigt sich u.a. darin, dass wir im dritten Jahrtausend mit jenen Problemen und Bedrohungen konfrontiert sind, die Goethe bereits zu Beginn der Beschleunigungsgeschichte erkannte und beschrieb. Das Drama ist heute jedoch ungleich größer. Es spielt sich in der Realität und nicht mehr auf der Bühne ab.

Ach, wissen Sie …

„Zeit sparen“, „Zeit gewinnen“, die Imperative der Moderne funktionieren überhaupt nur da, wo sie „Zeit“ von konkreter Zeiterfahrung ablösen. Damit wird die Einzigartigkeit der Zeitqualität suspendiert. Welche Zeit sollen wir sparen, welche gerade nicht? Welche Zeit lohnt es zu gewinnen, welche zu verlieren? Das sind die entscheidenden Fragen des Lebens, die uns doch alle umhertreiben und mit deren Beantwortung wir unsere Zeit zubringen. Sparen und gewinnen wir Zeit allein um des Zeitsparens und Zeitgewinnes wegen, dann fallen wir einer Abstraktion anheim, die einer Abstraktion vom Leben und vom Lebendigen gleicht. Ein zu lebenslanger Haft Verurteilter hat das erkannt. Auf die Frage, wie er dieses Schicksal überhaupt aushalte, antwortete er: „Ach, wissen Sie, ich sage mir immer, diese Zeit, die ich hier verbringe, müsste ich auch draußen verbringen.“
Recht hat er.

Der Simultant

„Alles zu jeder Zeit, überall und sofort“, so heißt der Kult der Postmoderne. Wir fühlen uns schon seit längerem nicht mehr abhängig vom kosmisch geregelten Tag-Nacht-Rhythmus und auch nicht von jenem, der die Jahreszeiten bestimmt. Gekocht wird nicht mehr saisonabhängig, gegessen immer seltener im Rahmen der traditionellen Tageseinteilung. Projekte, so nennen sich neuerdings die kooperativen Arbeitsformen, „laufen“ rund um die Uhr, zumal die Verbreitung des Mobiltelefons alle an einem Projekt Beteiligten an jedem Ort und zu jeder Zeit erreichbar werden lässt. Verdichtung der Zeit durch Vergleichzeitigung ist das Programm, mit dem wir zwei Ziele zu erreichen versuchen: Das weitere Wachstum von Wirtschaft und Wohlstand und die Ausweitung unserer Freiheitsspielräume. Als Einzelphänomen ist Gleichzeitigkeit nichts Neues. Auch früher kannte man schon die Gleichzeitigkeit von Essen und Arbeiten – von der Stulle am Schreibtisch bis zum üppigen Sechs-Gänge-Menü mit ausgewählten Top-Kunden. In der Geborgenheit der eigenen vier Wände konnte man sie bereits früher erleben, als sich Familienmitglieder mit der Zeitung auf ein „stilles Örtchen“ verzogen – wobei es dabei immer etwas undurchsichtig blieb, für was man das bedruckte Papier schließlich zu nutzen gedachte. Auch Loriot ist das Phänomen der Gleichzeitigkeit aufgefallen: Er hob die Einzigartigkeit des Menschen unter allen Lebewesen durch den auffälligen Sachverhalt hervor, dass der *Homo sapiens* dadurch ausgezeichnet ist, dass er fliegen und dabei gleichzeitig eine warme Mahlzeit verspeisen kann.

Heute hat die Gleichzeitigkeit einen erheblich größeren Öffentlichkeitscharakter. Sie ist nicht mehr zu übersehen. Viele Menschen bekommen sie auch zu spüren. Personen, die bei 150 Stundenkilometern am Steuer ihrer Automobile lang anhaltende Telefongespräche führen, andere, die beim Einkaufen, im Zug, am Badestrand und manchmal auch beim Mittagessen, Aktien kaufen, die sie dann beim nächsten Mittagessen wieder verkaufen, dies alles prägt unseren Alltag inzwischen mit einer Selbstverständlichkeit, dass es kaum mehr auffällt. Etwas gewöhnungsbedürftig hingegen sind telefonierende Radfahrer (Achtung: verboten!) und solche, die, während sie den Rasenmäher bedienen, „mobilfunktionelle" Verabredungen treffen (erlaubt). Aber auch dies werden nicht allzu lange auffällige Ausnahmen bleiben.

Gleichzeitig ist man heutzutage an- und abwesend, gleichzeitig ist man hier und dort, allein und doch irgendwie in Gesellschaft. Die mit Hochgeschwindigkeit dahinrasenden Fortbewegungsmittel, zuallererst die Expresszüge und die diversen Limousinen der gehobenen Klassen, in denen man vieles gleichzeitig tun kann, sie sind inzwischen zu beliebten Verkehrsmitteln für den hochmobilen Autisten der Gleichzeitigkeit geworden.

Nicht mehr monochron, indem wir eins nach dem anderen tun, wollen wir leben und arbeiten, sondern in polychroner Art und Weise. Immer mehr gleichzeitig tun und mehrere unterschiedliche Zeitformen zur gleichen Zeit realisieren, daran machen wir unser gegenwärtiges Fortschrittsideal fest. Mit diesem motivationalen Rückenwind treiben wir die dem Kapitalismus als Wasserzeichen eingeschriebene Steigungsdynamik des „Immermehr" voran. Es bleibt uns letztlich keine andere Wahl, wollen wir unser Wohlstandsniveau, das durch Zeitnot erhetzt wurde, in Zukunft erhalten oder ausbauen. „Polychronie" heißt der Trend, der die Zukunft abgelöst hat.

Die Gestaltungs- und Erfahrungsformen der Postmoderne folgen nicht mehr länger der Logik des Uhrentaktes, der linearen Reihenfolge. Die für den gesellschaftlichen Erfolg notwendige Verhaltensnorm lautet nicht mehr: „Zuerst dies und dann das", denn mit einer „Logik der Wäscheleine" lassen sich die Wachstumsraten der Investitions- und der Konsumgüter nicht weiter erhöhen. Dies garantiert viel eher die Synchronisation vielfältiger Handlungsalternativen und der Gebrauch einer Vielfalt von Zeiten. Deshalb auch setzen Uhrenfabrikanten in auffälliger Art und Weise zunehmend auf Mehrfachfunktionen bei der Modellpolitik ihrer Zeitmessgeräte. Umsatzrenner sind Uhren, mit denen man telefonieren kann, und Mobiltelefone, die auf ihrem Display die Uhrzeit anzeigen. Aber auch anderweitig sind wir bestrebt, Dinge, die man ehemals hintereinander tat, gleichzeitig zu tun. Bis zur Bewegungsunfähigkeit festgeschnallt, rasen wir hochmobil auf unseren Highways ins Nirgendwo, telefonieren dabei oder lernen, dank einiger Sprachkassetten, Italienisch in 4 x 30 Minuten. Auch die Internetsurfer kommen viel herum in dieser Welt; sie sind dabei meist hellwach, während ihnen nicht selten die Füße einschlafen. Dank einer Fernbedienung lassen sich inzwischen vier und mehr Fernsehprogramme mit nur zwei Augen gleichzeitig verfolgen. Spätabends aber muss man sich entscheiden, bei welchem dieser Programmangebote man schließlich einschläft. Die Münchner U-Bahn-Schaffner jedoch übertreiben den Trend zur Gleichzeitigkeit etwas: Sie fordern die Fahrgäste auf, insbesondere an betriebsamen Haltestellen, doch bitte an **allen** Türen zuzusteigen. Mir ist, trotz mehrfacher Versuche, dies leider immer noch nicht gelungen. Karl Valentin, der bekannte Münchner Kleinphilosoph, scheint das alles bereits geahnt zu haben. Auf die Frage, warum denn am „Alten Peter", der Münchner Stadtkirche, acht Uhren angebracht sind, gab er sich selbst die Antwort: „Damit acht Leute gleichzeitig auf die Uhr schauen können." Ach ja, gerade als ich gleichzeitig fahre und schreibe, geht im ICE nach Hamburg ein entscheidungsbewusst wirkender Mann in Nadelstreifen an mir vorbei, spricht ins Mobiltelefon und verschwindet in der Toilette. Nach kurzer Zeit taucht er wieder auf, immer noch telefonierend. Staunend, ja rätselnd, frage ich mich: Was nur waren das für Geschäfte, die da getätigt wurden?

Vieles lässt sich durch das neuerdings so attraktive Zeitmuster der Gleichzeitigkeit beschleunigen, und vieles mehr lässt sich auch dadurch zusätzlich erleben, erreichen und erfahren. Eine große Anzahl von Personen in den börsennotierten Gesellschaften betrachtet dies als den entscheidenden Schritt, um ihre Vorstellung von dem, was sie für Freiheit halten, endlich verwirklichen zu können. Aber ist das wirklich eine realistische Sichtweise? Einerseits erweitert sich die Entscheidungsfreiheit der Individuen dank multifunktionaler Geräte und Techniken. Mittels „Gleichzeitigkeit" können wir mehr produzieren, mehr Dienstleistungen erledigen und abrufen und auch die Auswahl unserer Erlebnismöglichkeiten im Rahmen der Freizeit steigern. Für die vielen, die dies als einen Zuwachs von Freiheit anerkennen, ist der Trend zur Gleichzeitigkeit ein entscheidendes Kennzeichen dessen, was wir seit 250 Jahren „Fortschritt" nennen. Schaut man aber genauer hin und lässt sich nicht vom Glanz des puren Möglichkeitszuwachses allzu sehr blenden, dann kann man relativ schnell feststellen, dass mit der Gleichzeitigkeit nicht nur die Freiheiten, sondern gleichzeitig auch die Zwänge wachsen. Zuallererst wird der Sachverhalt auffällig, dass wir durch ein Mehr an Möglichkeiten immer auch mehr zu entscheiden haben. Es wächst also der Entscheidungsstress – und das zwangsläufig. Immer öfters und immer rascher sind wir in einem Entscheidungsnotstand, der uns zeitlich unter Druck setzt. Außerdem steigt die Belastung bei der Koordination und der Synchronisation all dessen, was uns gleichzeitig offeriert wird. Ganz entscheidend forciert wird der Stress schließlich noch durch die Tendenzen in Politik, Verwaltung und Dienstleistungsunternehmen, die ehemals von ihnen realisierten Synchronisationsanstrengungen auf die Bürger und Bürgerinnen zu verlagern. Der Abbau langfristiger Verbindlichkeiten, beispielsweise in Arbeitsverträgen, zwingt die Menschen dazu, nicht nur das zu tun, was sie gerade tun, sondern sich auch immer schon (gleichzeitig) um das zu kümmern, was danach kommt. So fragen Lehrlinge vernünftigerweise heute nicht mehr nur, was sie mit einer bestimmten Berufsausbildung anfangen können, sie fragen zusätzlich, was sie mit einer Berufsausbildung noch anfangen können. Und Arbeitnehmer mit Kurzfristverträgen müssen sich nicht selten vor Beginn ihrer jeweiligen Tätigkeit bereits um einen Anschlussjob kümmern. Ob das der Arbeitsqualität und der Arbeitsmotivation zugute kommt, muss bezweifelt werden.

Wägt man den durch das Zeitmuster der Gleichzeitigkeit erlangten Gewinn (das sind die zusätzlichen Möglichkeiten und Freiheiten) mit den Verlusten (das sind die größer gewordenen Belastungen und Zwänge) gegeneinander ab und bilanziert sie, dann ist der Fortschritt, wenn man überhaupt davon sprechen kann, nur halb so groß wie er aussieht, und meistens noch erheblich kleiner als er angepriesen wird. In dieser Situation werden wir dann mit der nicht gerade neuen Frage von Kant konfrontiert: „Wie gelingt die Kultivierung der Freiheit bei dem Zwange?"

Alltagspraktisch heißt dies: „Wie erreicht man eine Entlastung vom Zeitstress bei einer Steigerung von Entscheidungsmöglichkeiten?" Noch mehr gleichzeitig tun ist zwar ein beliebter Ausweg aus der Zeitnot, aber er verschärft das Problem. Er löst es nicht. Denn je mehr wir gleichzeitig tun umso öfter haben wir das uns ängstigende Gefühl, gleichzeitig anderes, was wir auch noch tun könnten, zu verpassen.

Ohne allzu sehr spekulieren zu müssen, lässt sich prognostizieren, dass die bereits heute am weitesten verbreitete Angst in unserer Republik, die Angst, etwas zu verpassen, weiter zunehmen wird. Steigt aber das Angstniveau bei den Individuen und in der Gesellschaft, so ist dies kein Fortschritt und auch kein Zuwachs an Freiheit.

Schneller, schneller, schneller

„Alles muss schneller gehen“ – ein sinnloses, ja ein gefährliches Motto. Vorgesetzte, die damit ihre Mitarbeiter zum schnelleren Arbeiten motivieren wollen, erwarten von diesen, dass sie diese Aufforderung allerdings nicht allzu konsequent umsetzen. Denn wenn alles schneller gehen soll, dann müssten auch die Uhren schneller gehen. Würden aber die Uhren schneller gehen, existierte kein Maßstab mehr, an dem feststellbar wäre, ob etwas tatsächlich schneller geht. Damit alles schneller geht, darf also gar nicht alles schneller gehen. Kurz gesagt: Es ist zwar häufig fünf vor zwölf – aber genau so oft zwölf vor fünf. Weitersagen!

So lange wie ...

Die Welt ist voller Widersprüche. „Gott sei Dank!" Besonders widersprüchlich zeigt sich in ihr der Umgang mit der Zeit. Dies ist ein gutes Zeichen. Sichtbar und erlebbar wird hierdurch, dass die täglichen Appelle, „Zeit zu sparen", nicht ganz so ernst gemeint sind, wie sie vorgetragen werden. „Alles wird schneller" – wirklich? Nicht ganz. Auf jeden Fall besteht bei genauem Hinsehen die Hoffnung, dass es vielleicht doch etwas anders ist.

Denn, so lange

– wie die Manager noch so viel Zeit finden, immer wieder allen, die es wissen wollen, und noch mehr jenen, die es nicht wissen wollen, davon zu erzählen, wie gestresst und gehetzt sie sind und wie viel sie arbeiten ...

– wie wir noch so umständlich lange Worte finden und auch aussprechen wie etwa „Beamtenheimstättenwerk" oder „Vollaluminiumkarosserie" ...

– wie wir noch so viele und so gerne Grußworte auf unseren diversen Großveranstaltungen sprechen und hören ...

– wie es noch keinem dieser immer mehr werdenden Dringlichkeitsdynamiker gelungen ist, vor einem aus der Drehtüre wieder herauszukommen, die er hinter einem betreten hat ...

so lange hat die Beschleunigung unseres Alltags noch nicht alle Nischen erobert. Vielleicht ein guter Grund, es in Zukunft etwas weniger hektisch anzugehen!

Das Pausen-Los

Mach mal Pause!

Der bekannteste Mathematiker, Physiker und Konstrukteur des griechischen Altertums, Archimedes von Syracus, erhielt von seinem Herrscher den Auftrag festzustellen, ob dessen goldene Kette, die dieser zu Repräsentationszwecken trug, auch wirklich aus purem Gold sei. Tag und Nacht, so wird berichtet, grübelte Archimedes an der Entwicklung eines Verfahrens, um die ihm gestellte Aufgabe zu lösen. Die Erfolglosigkeit des Nachdenkens und die damit einhergehende schlechte Laune des Archimedes nervte dessen Frau zunehmend. Sie bat ihn inständig, nicht zuletzt um des familiären Friedens willen, das Grübeln doch einmal für kurze Zeit zu unterbrechen, einen Tag Pause einzulegen und ein entspannendes Bad zu nehmen. Mürrisch aber widerstandslos nahm er den Ratschlag an und begab sich in die örtliche Badeanstalt. Beim Einstieg in das Wasserbecken fiel ihm auf, dass der Wasserspiegel anstieg, das Volumen seines Körpers das Wasser verdrängte. Dies war die entscheidende Beobachtung zur Lösung seines Problems. Das so genannte „archimedische Prinzip"[3] war entdeckt. Was aber können wir heute durch diese Geschichte entdecken?

Erstens: Pausen sind kreativ, nützlich und innovativ.
Zweitens: Ratschläge von Frauen sollte man nicht unbeachtet lassen.
(So hat sich die Geschichte sicherlich nicht abgespielt – aber sie ist zumindest gut erfunden.)

3 Zur Erinnerung – Das archimedische Prinzip: Jeder vollständig in einer Flüssigkeit untergetauchte Körper erfährt einen Auftrieb, dessen Größe dem Gewicht der verdrängten Flüssigkeitsmenge entspricht.

Erschöpfte Zeiten

Wer das Leben mithilfe der Gedankenprothese, die Zeit wie eine Ressource ausbeuten und nutzen zu können, betrachtet und gestaltet, muss – will er in dieser falschen Logik konsequent sein – auch damit rechnen, dass sich die Zeit eines Tages von diesem Druck und dieser Hetze erschöpft zeigen wird. Dann wird sich nichts mehr ereignen.

Man kann sich diesen Zustand einer erschöpften Zeit als eine schöne Zeit vorstellen!

Ein zweifelhafter Fortschritt

„Lücken sind dazu da, geschlossen zu werden“, behauptete das Zweite Deutsche Fernsehen (ZDF) bei seiner Ankündigung, rund um die Uhr auf Sendung zu gehen. Ganz anderer Meinung hingegen war Christian Morgenstern. Für ihn war gerade die Lücke unverzichtbar, um den Durchblick zu behalten:

Es war einmal ein Lattenzaun
mit Zwischenraum, hindurchzuschaun

Gäbe es keine Lücken, stünden wir vor Bretterwänden, die, wie man aus Erfahrung weiß, die Perspektive extrem einschränken. Das ist der notwendige Preis der Lückenlosigkeit.

Dass unser Leben immer schneller wird, ist der Gegenstand vieler Klagen. Glaubt man statistischen Auswertungen, fühlt sich über die Hälfte der deutschen Bevölkerung häufig unter Zeitdruck. Die Devise heißt: Alles muss immer schneller gehen. Telefonieren statt miteinander reden, faxen statt Briefe schreiben, fahren statt laufen und fliegen statt fahren. Ärger kommt auf, wenn's „irgendwo und irgendwann“ mal langsamer geht, als man dies erwartet hat. Erfolgreich, so wird uns mitgeteilt, sei jenes Produkt, das schneller auf dem Markt ist als ein konkurrierendes und das auch noch verspricht, Zeitgewinne zu ermöglichen. Erfolgreicher sowie gesellschaftlich geachteter sind jene Personen, die sich als die Schnelleren gegenüber ihren Mitmenschen darstellen. Selbst Naturprozesse, von denen Marx und Engels noch meinten, sie ließen sich nicht beschleunigen, gerieten unter den Druck eben dieser Beschleunigung. Die Landwirtschaft und hier speziell die Fleischproduktion zeigten es so deutlich, wie wir es gar nicht erfahren wollten. Die Gentechnologie wird für eine weitere Steigerung dieser Dynamik sorgen. Das Belastende dieser Beschleunigungsdrift, die sich in einem erlebbaren gesellschaftlichen und individuellen Zeitdruck ihren problematischen Ausdruck verschafft, ist nicht die Tatsache der Beschleunigung, sondern der Sachverhalt, dass diese überall und immer häufiger geschieht. Das räumlich und das zeitlich beschleunigungsorientierte Nonstop überfordert unsere psychischen, unsere sozialen und unsere ökologischen und immer häufiger auch unsere ökonomischen Systeme.

Der Grund für dieses „Diktat der Tempomacher“ liegt in der Koppelung von Zeit und Geld. Der „Geist des Kapitalismus“, von Max Weber unübertroffen beschrieben, begreift Zeit als eine ausbeutbare Ressource: Mit der Formel „Zeit ist Geld“ hat Benjamin Franklin seine ausführlichen Ermahnungen zum Zeitsparen und zur Zeitkontrolle quasi mathematisch begründet. Aus dieser Sichtweise ist es folgerichtig, immer schneller zu werden, das heißt schneller zu produzieren, schneller zu konsumieren, schneller zu kommunizieren, sich schneller zu bewegen und auch schneller zu essen (von anderen lebenswichtigen Dingen einmal ganz abgesehen, die ja inzwischen auch unter Zeitdruck geraten). „Schlaf schneller, Genosse“, wurde noch als eine Formulierung mit ironischer Bremswirkung gegenüber diesem Beschleunigungsdruck wahrgenommen, während heute die Bahn AG für ihre neue Schlafwagengeneration, bar jeglicher Ironie, mit dem Slogan „Schneller schlafen“ wirbt.

„Zeit“ wird instrumentalisiert, und zwar in allererster Linie für den Gelderwerb. Sie wird zur Ware. Sie hat keinen Eigenwert mehr, sie hat nur mehr jenen Wert, den ihr das Geld verleiht. Das Geld aber kennt kein „genug“, und die Zeit, die an das Geld gekoppelt ist, ebenso wenig. Wir sparen daher immer schneller immer mehr Zeit, die wir dann dazu verwenden, noch schneller noch mehr Zeit zu sparen. Dies aber funktioniert nur um den Preis räumlicher und zeitlicher Expansion.

Im herrschenden Prinzip des „Immer und Überall“ ist diese realisiert. Die Erhöhung der Geschwindigkeiten in den Arbeits- und Lebensvollzügen geht in statistisch eindeutig nachweisbarer Art und Weise mit einer Zunahme der räumlichen Mobilität einher. Wir fahren also nicht nur immer schneller, sondern, weil wir immer schneller fahren, auch immer weiter. Die Ruhelosigkeit einer solchen Gesellschaft drückt sich bei ihren Mitgliedern in dem Bedürfnis aus, möglichst überall sein zu wollen, und weil dies nicht realisierbar ist, zumindest überall erreichbar zu sein.

„Mobil sein ist alles“, suggeriert uns die Werbung. Wird der Raum durch das Prinzip des „Überall“ lückenlos besetzt, so die Zeit durch die Pausenlosigkeit des „Immer“. Die Erfindung des elektrischen Lichtes hat die Nacht erleuchtet. Die wochentagsunabhängigen Supermärkte haben die Markttage, die ehemals die Wochen und Monate strukturierten, abgelöst. Die Lockerungen der Ladenöffnungszeiten laden zum Dauerkonsum ein. Die Freizeitindustrie und das Telebanking haben den Sonntag säkularisiert. Die beschleunigten Transportmöglichkeiten setzen die saisonalen Konsumrhythmen außer Kraft. Letzteres u.a. mit der Folge, dass Weihnachtsgeschenke das ganze Jahr über zum Verkauf angeboten werden und dass sich der eine oder andere Tourist im Hochsommer „Stille Nacht, heilige Nacht“ von den Musikern an seinem Urlaubsort erbittet. Warum auch nicht, wenn frischer Spargel im Dezember zu bekommen ist und dem Schneemangel jederzeit mit „Kanonen“ abgeholfen werden kann.

Ständig, das scheint das Ideal zu sein, soll alles zur Verfügung stehen. Unabhängig von Tageszeiten, von Wochentagen und Jahreszeiten und frei von der sozialen und der natürlichen Rhythmizität des Lebendigen. Fortgerissen vom Zeitstrudel fangen wir nicht mehr an und hören auch nicht mehr auf. Wir tun möglichst alles zur gleichen Zeit.

Das uns mit zu viel Werbeaufwand angepriesene Paradies hat aber einen entscheidenden Nachteil – es fehlen dort Ruhe und Stille. Trotzdem wird dies alles als ein Fortschritt gefeiert, zumindest als solcher akzeptiert. Und es ist auch einer, weil es uns z. B. von Hunger, Dunkelheit und erzwungener Sesshaftigkeit befreit, und weil uns diese Entwicklung viele Möglichkeiten des Handelns eröffnet hat, die früheren Generationen verschlossen blieben. Aber dies alles hat einen spürbaren, bisher jedoch zu wenig beachteten Preis. Wenn es um die Gestaltung unserer Zukunft geht, dann ist dieser Preis in die Kalkulation mit einzubeziehen. Das Nonstop-Prinzip setzt nämlich unsere naturgebundenen und die uns stabilisierenden sozialen Balancesysteme außer Kraft. Es zerstört die Vielfalt der Zeitformen und es ebnet die bunten Zeitlandschaften ein.

Verlieren wir – so ist zu fragen – durch das „Immer und Überall" permanenter Beschleunigungen und Hochgeschwindigkeit die entscheidenden Rahmenkomponenten für eine gelingende Zeitstrukturierung? Werden wir zu Orientierungswaisen im Kontinuum der Zeit, gekennzeichnet von der Notwendigkeit, die Zeit damit verbringen zu müssen, dass wir permanent über sie entscheiden? Löst sich nach der Ortsbindung (Globalisierung des Raumes) auch die Bindung an die Zeit auf? Es scheint paradox zu sein: Je mehr Freiheit wir haben, über die Ordnung der Zeit selbst entscheiden zu können, umso weniger Zeit haben wir. Und genau diese Dynamik verschärft sich in der Nonstop-Gesellschaft, obgleich uns das Gegenteil von jenen, die sich für den Fortschritt verantwortlich fühlen, immer wieder versprochen wird.

Wenn wir dem Preis der Nonstop-Gesellschaft nachgehen, erkennen wir einen bisher zu wenig beachteten Zusammenhang: Unsere individuellen Probleme des Zeitdrucks, der Hetze, des „Nie-zu-Ende-Kommens“ hängen unmittelbar mit den sozialen und ökologischen Problemen zusammen, mit unserer nicht-nachhaltigen Art zu leben und zu wirtschaften. Wir könnten aber von den Zeitmaßen der Natur lernen, denn wir sind selbst Teil dieser Natur. Den aufgezeigten problematischen Entwicklungen sind wir nicht hilflos ausgeliefert. Es gibt heute mehr Wissen als jemals zuvor über die Rhythmen der Natur und die des menschlichen Lebens. Wir wissen, dass alle Gesellschaften, wollen sie nicht ihre Existenz aufs Spiel setzen, Orte und Zeiten der Aktivität und der Ruhe benötigen, ebenso alle Lebewesen. Schlaflosigkeit führt zum raschen Tod, und permanente Helligkeit gilt als eine der grausamsten Foltermethoden. Wir brauchen die Dämmerung – sonst dämmert's uns nicht mehr. Wir benötigen Übergänge von einem Zustand zum anderen, die Rhythmik von Helligkeit und Finsternis, von Werden und Vergehen, von Aufstieg und Abstieg, von Dauerhaftem und Neuem.

Die rhythmisch geordnete Vielfalt von Zeitformen macht das aus, was man „Zeitkultur“ nennen könnte, und diese wiederum ist die Bedingung für Kultur überhaupt. Friedrich Nietzsche hat daran erinnert, dass es zuallererst darum geht, den Menschen die Ruhe wiederzugeben, jene „Ruhe, Einfachheit und Größe, ohne welche keine Kultur werden und bestehen kann." Denn – so Goethe – „unbedingte Tätigkeit macht zuletzt bankerott."

P. S.: Belege für diese Tendenz entdeckt man überall. Die heutige Zeitung meldet beispielsweise, dass sich die britische Regierung demnächst an dem New Yorker Vorbild einer Rund-um-die-Uhr-Gerichtsbarkeit zu orientieren gedenkt. Da kann man gespannt sein, ob sich trotz übermüdeter Richter gegen vier Uhr morgens die Gerechtigkeit als zeitlos erweist.

TLG

Zeit zum Lernen

Unser Vorstellungsvermögen reicht heute nur mehr selten aus, um sich zu vergegenwärtigen, dass vor etwa einem halben Jahrtausend kein Mensch – zumindest nicht im Alltag – über „Zeit“ gesprochen hat. Würden wir heute das Reden über „Zeit“ einstellen, dann brächen die Revolution aus und die Ökonomie ein. Eine ähnliche Entwicklung ließe sich am Phänomen des „Lernens“ feststellen. „Wer aufhört zu lernen“, so plakatiert die größte europäische Volkshochschule an den Straßen Münchens, „hört auf zu leben.“ Hätte dies schon immer gegolten, dann wären wir längst ausgestorben. Lernen nämlich ist eine relativ neue „Erfindung“ und deren Zurechnung zu den fundamentalen existenziellen Bedürfnissen ist noch wesentlich neuer. Man hat in vormodernen Gesellschaften keine Lernveranstaltung besucht, man hat Erfahrungen gemacht und diese dann dazu genutzt, die gleichen Erfahrungen wieder zu machen oder sie in der Zukunft zu vermeiden. Jene Erfahrungen, die man für gut hielt, die gab man an die nachkommende Generation weiter. Zu lernen gab es eigentlich nichts Neues. Diesem Sachverhalt entsprach ein Umgang mit der Zeit, der das Reden über „Zeit“ genauso wenig notwendig machte wie das über's Lernen. Man lebte in einer Zeit, die durch die kosmischen Vorgaben von Helligkeit und Dunkelheit, der Jahreszeiten sowie dem aktuellen Wetter und dessen Veränderung bestimmt war. Warum sollte man in diesem Zusammenhang über „Zeit“ sprechen, die Kommunikation übers Wetter war viel wichtiger. Diesbezüglich hat sich im Laufe der Geschichte Grundlegendes verändert.

Nachdem die weltlichen Mächte, zuerst die Landesherren und das irdische Personal der Kirchen, später dann die einflussreichen Unternehmer, die „Zeit“ in Form von Uhren und Kalendern in die eigene Hand genommen hatten, musste nun auf diese neue abstrakte weltliche Zeit hin erzogen werden. Erziehung zur Pünktlichkeit, zur zeitlich eng und streng geordneten Arbeit, zur Folgsamkeit gegenüber den zeitlichen Vorgaben der Vorgesetzten, alles dies führte schließlich zu einer „Erziehungsbewegung“, die in ihrer Konsequenz die Schulpflicht zur Folge hatte. Nachdem man mit Beginn des 19. Jahrhunderts den Transport von Menschen und Gütern insbesondere durch die Eisenbahn entscheidend beschleunigen konnte, wurden „schnell“ und „schneller sein“ zu den wichtigsten Verhaltensmaximen. Die Schüler wurden nach Altersjahrgängen sortiert. Belohnt wurden jene, die sich den Unterrichtsstoff schnell aneigneten, zum Beispiel durch das Überspringen einer Klasse, und – was häufiger vorkam – mit „Sitzenbleiben“ wurde bestraft, wer zu langsam war. So sind nicht nur unsere Geräte und Maschinen schnell geworden, sondern auch die Menschen selbst – obgleich die Geräte und Maschinen doch auch deshalb erfunden wurden, um das zu machen, wozu die Menschen nur ungenügend oder überhaupt nicht fähig sind.

Heute aber, und für diese Epoche bietet sich der Begriff der „Postmoderne“ an, sind wir am Ende der Beschleunigung angelangt. Die Wirtschaftsgüter, mit denen das große Geld verdient wird, sind die Informationen. Sie werden mit nicht mehr beschleunigbarer Lichtgeschwindigkeit transportiert. Heute auch erkennen wir, dass uns die Beschleunigung nicht nur Vorteile gebracht hat. Der Hochgeschwindigkeitsverkehr macht jene, die ihn gewollt haben, nicht selten zu dessen Opfern. Die

Beschleunigung unserer Arbeits- und Lebensverhältnisse schädigt die Umwelt in einem Ausmaß, das wir heute zu erahnen beginnen und das uns eigentlich nicht allzu ruhig schlafen lassen dürfte. So wie bisher geht's in der Zukunft nicht weiter. Aber wie geht's weiter? Auf diese Frage findet man in postmodernen Zeiten nicht nur eine, sondern viele Antworten. Alle diese Antworten haben etwas gemeinsam, sie besitzen eine immer kürzer werdende Gültigkeit. So werden und sind wir gezwungen, zu jeder Zeit über „Zeit" zu reden, und zusätzlich sind wir gezwungen, andauernd Neues zu lernen und umzulernen. Je schneller das erfolgt, umso unsicherer werden wir. Unsicher nennen wir jene Zeiten, in denen wir nicht mehr wissen, was wir in und mit der Zeit tun sollen. Deshalb reden wir permanent über „Zeit" und lernen, lernen, lernen.

Die Zeitsparmaschine

Endlich gibt es sie, die Zeitsparmaschine. Bereits früher glaubten wir sie entwickelt zu haben, in Form eines Computers, eines Telefons, eines Faxes, und des einen oder anderen Küchen- und Gartengerätes. Immer wieder mussten wir jedoch die enttäuschende Erfahrung machen, dass wir nach dem Kauf sehr viel Zeit für diese vermeintliche Zeitsparmaschine aufzubringen genötigt waren. Jetzt aber gibt es sie wirklich, zwar nicht für den Kleinfamilien-Haushalt, aber doch für Radio- und Fernsehanstalten. Deren Kunden sind wir ja ausnahmslos alle, sodass auch für uns schließlich etwas „gewonnene Zeit" abfallen könnte.

„Digitale Informationsverdichtung" heißt das Zaubertrankelixier, mit dem sein Erfinder Bill Hendershot aus dem sonnigen, zeitsparenden Kalifornien Reden, Ansprachen und sonstige Wortbeiträge ganz ohne Informationsverlust einzuschrumpfen fähig ist. Was gewonnen wird, wenn in einer halbstündigen Sendung drei Minuten gewonnen werden, bleibt kein Geheimnis: Werbezeit nämlich – und die ist äußerst wertvoll, weil sie das „Zeit ist Geld-Prinzip" am konsequentesten realisiert. Die Hendershot'sche Zeitsparmaschine filtert alle Sprechpausen, alles Stocken und außerdem die beliebten Öhs, Ahs und sonstige, als überflüssig definierten Wortabstände heraus. Die Sprecher reden während einer Sendung also schneller als in der Wirklichkeit. Digital verdichtet und rhetorisch eingeschrumpft bekommen die Hörer und die Zuschauer die betreffenden Informationen geliefert und etwas Werbung zusätzlich. Aus „Dr. Murkes gesammeltem Schweigen" ist ein profitables Geschäft geworden. Geschwiegen werden darf nicht mehr. Schweigen ist Silber, Reden Gold.

Die Zeitsparaktivitäten haben inzwischen sogar, wie in der Wirtschaftswoche vom März 2000 nachzulesen ist, bei Predigten und Gottesdiensten Einzug gehalten. Dort nämlich scheint das Schrumpfpotenzial besonders groß zu sein, da man sich hier, nicht ganz ohne Grund und Sinn, am christlichen Schöpfungsmythos orientiert. Dieser kennt ja neben den sechs Tagen der Aktivität auch einen der Ruhe. Seit längerer Zeit jedoch ist der Ruhetag, der „Tag des Herrn", den wir auch „Sonntag" nennen, kein ruhiger Tag mehr, und von Woche zu Woche wird er dies immer weniger. So ist es auch nur konsequent, wenn die kleinen „Sonntage", die man sich beim Reden erlaubt und die man nicht selten auch zum Nachdenken braucht, dem Profit der Werbung geopfert werden. Das gilt dann insbesondere auch für jene Predigt, die den Tanz ums „goldene Kalb" zum Inhalt hat.

„Wir haben verloren“

Man muss sich eigentlich, wenn man wissen will in welcher Zeit wir leben, nicht mit großem Aufwand und kritischer Geste an die Analyse unserer Gesellschaft machen. Macht man Augen und Ohren auf, so erkennt man rasch (!), was die Stunde geschlagen hat:

Wer sich die Nase putzt, tut das mit einem „Tempo“-Taschentuch. Frauen (zuweilen auch Männer), die versuchen ihre einzig sichere Zukunft, die des Älterwerdens, zu verbergen, tun dies mit einer Verjüngungssalbe. Damit sie Zeit haben, diese auch anwenden zu können, bietet ihnen die Firma Aldi ein Geschirrspülmittel mit dem Namen „Tempo-ultra“ an – das im Übrigen auch Männer benutzen könnten, denn diese sind es ja, die sich mit Vorliebe von der Bahn AG durch den Slogan „schneller schlafen“ verführen lassen und deren Nachtzüge benutzen. Noch lieber rasen sie, befreit von jeder Geschwindigkeitsbegrenzung, auf unseren Autobahnen von Adorf nach Beweiler, um zwischendurch beim Tanken aufgefordert zu werden, die „neue Rastfreundlichkeit“ bei einem Big Mac zu genießen. Wenn sie dann wider Erwarten noch ein wenig Zeit haben, um einem dringend drängenden Bedürfnis nachzugehen, finden sie auf der Toilette der Tankstelle die Information: „Hier ist die Pause zu Hause“. Na so was, denkt man sich, schnell weg von hier, denn „Ihre Zeit ist kostbar“, mahnt uns die Tageszeitung „Die Welt“ am Kiosk und macht uns zusätzlich das nicht wenig bedrohliche Angebot: „Testen Sie jetzt zwei Wochen die Welt“. Ja, und was danach, was soll ich denn noch testen, wenn ich es mit der Welt schon getan habe und wenn diese es auch noch überstanden hat? Soll man sich etwa nach den zwei Wochen Welttest umbringen? Dieses Angebot ist nicht gut durchdacht. Die dafür Verantwortlichen wären besser der Aufforderung der Nescafé-Werbung auf den Leim gegangen: „Immer schön wach bleiben“, heißt das wasserlösliche Motto. Zwar liest man regelmäßig in der Zeitung, dass Schlafentzug eine der extremsten Formen der Folter ist, aber das ist wahrscheinlich ohne regelmäßige Zufuhr von Nescafé analysiert worden.

Will man schließlich nach der Lektüre dieser seltsamen Werbelyrik den dringend benötigten Schlaf im ICE nachholen, fällt der Blick auf den Hinweis eines regelmäßig erscheinenden Wirtschaftsmagazins:
Sie setzen sich hin.
Sie schauen aus dem Fenster.
Sie lassen die Seele baumeln.
Sie haben verloren.

Vielleicht haben wir wirklich verloren, wenn wir solchen Versprechen Glauben schenken.

Mach schnell ...

„Mach schnell" – das ist die am meisten gebrauchte Bitte, die Eltern an ihre Kinder richten. Dies ist natürlich keine Bitte, es ist eine Ermahnung, und noch öfters ist es eine Rüge. Aber trotzdem, Eltern wollen selbstverständlich nur das Beste für ihre Kinder, wenn sie diese zu größerer Eile antreiben. Die Kleinen müssen ja gefördert werden: Nach der Schule schnell zur Klavierstunde, zur Trainingslektion auf den Tennisplatz, zum Kieferorthopäden, um den Sitz der neuen Zahnspange überprüfen zu lassen, und schließlich zur Sprechstunde des Beratungslehrers, um noch mehr Förderungsmöglichkeiten in Erfahrung zu bringen. Ach ja, man rackert sich für die Kleinen ab, um in der Gegenwart jene Schuldgefühle zu vermeiden, von denen man glaubt, dass man sie möglicherweise in der Zukunft haben könnte. Dann aber plötzlich folgende Zeitungsmeldung:

Bei Kleinkindern kann zu viel geistige Förderung genau das Gegenteil bewirken:

Wenn sich Eltern übertrieben um ihr Baby kümmern, damit es zu einem besonders aufgeweckten Kind wird, kann es sich auf der Verstandes- und Gefühlsebene zurückentwickeln. Der US-Erziehungswissenschaftler Matthew Melmed warnte im Fernsehsender BBC Eltern davor, den Nachwuchs zu überfordern. Vor allem in den ersten Jahren bräuchten Kinder Zeit, um die Welt für sich selbst zu entdecken. Würden sie ständig von außen stimuliert, könnten sie – ähnlich wie Manager – „ausbrennen". Vor allem wenn beide Elternteile berufstätig seien, liefen sie Gefahr, ihr Kind in der knappen Zeit mit Anregungen regelrecht zu bombardieren.

Glücklicherweise war die Information nicht allzu auffällig platziert. Sie erschien in der unverbindlichen Rubrik „Vermischtes" einer großen Tageszeitung. Es wird sich dadurch nichts ändern, da kann man sicher sein. Das Problem ist nämlich nicht eines der Kinder, es ist eines der Eltern. Diese nämlich müssten, wenn sie Konsequenzen aus der Meldung ziehen würden, zum einen mit ihren Schuldgefühlen, ihr Kind nicht genügend gefördert zu haben, fertig werden, und sie müssten sich darüber hinaus überlegen, was sie in der durch die Verringerung der fürsorglichen Belagerung ihrer Kinder „gewonnenen" Zeit machen.

Time-stop-Gel

Das Projekt „Moderne“ ist durch den Sachverhalt charakterisiert, dass die Menschen die Zeit in die eigene Hand genommen haben. Statt Naturzeit Uhrzeit, statt Rhythmus Takt, statt Zeit Zeitnot und statt leben und leben lassen Zeitorganisation und Zeitplanung. Aber immer wieder werden wir daran erinnert, dass uns das schließlich doch nicht ganz gelungen ist. Die Sterblichkeitsrate der Menschheit liegt stabil, dies schließt auch jene ein, die sich ohne Unterlass mit der Zeit und dem Zeitsparen beschäftigen, bei weiterhin exakt 100 %. Die meisten Uhren überleben uns und sind, zeitlich betrachtet, auch weit präziser als dies ein Mensch jemals sein könnte.

Eigentlich wollten sich die Menschen, indem sie sich mittels der Uhrzeit die Zeit anzueignen glaubten, unsterblich machen. Dabei sind jedoch nur unsterbliche Uhren herausgekommen, deren Stolz es ist – falls man der Werbung glauben darf – in 10 000 Jahren nur eine Sekunde nachzugehen. Nun, das zumindest würden wir doch gerne überprüfen. Und dafür tun wir einiges. Die Kosmetikindustrie, die Schönheitschirurgie, die Hormontherapie lassen sich sehr viel einfallen, um die schwindende Zeit der Individuen aufzuhalten. So befindet sich etwa ein „Time-stop-Gel“ auf dem explodierenden Markt der Unmöglichkeiten. Ein solches salbungsvolles Versprechen lebt – wie so vieles im Kapitalismus – von jener Illusion, die auch die Erfindung der Uhr beflügelt haben mag, aber durch eine noch so extensive Verbreitung von Chronometern bisher nicht eingelöst werden konnte. Wir sterben weiter, auch wenn die Chirurgen nach Verjüngungsoperationen ihre Patienten flehentlich bitten, das Gesicht für längere Zeit möglichst nicht zu bewegen.

Neben der bisherigen Alternative „Tod oder Leben“ existiert neuerdings eine dritte Möglichkeit: „Tod im Leben“. Genau dies aber ist das Prinzip der Uhr und deren Zeit. Sie ist ein toter Gegenstand, der geht.

Nie mehr „Game over"

Wir leben uns zu Tode. Daran führt kein Weg vorbei. Weil wir das wissen, wollen wir es lieber nicht wissen. Neuzeitliches Fortschrittsdenken und Endlichkeitsdemut lassen sich, darauf hat Hans Blumenberg hingewiesen, nicht versöhnen. Umso mehr scheint das für die heutigen postmodernen Zeiten zu gelten, in denen das Fortschrittsdenken in die Krise geraten ist. Vom Bewusstsein der Endlichkeit, von Demut gegenüber der eigenen Vergänglichkeit keine Spur, nirgends. Endlos senden die Rundfunk- und die Fernsehanstalten ihre Programme in unsere Wohnzimmer, endlos werden uns Einkaufsmöglichkeiten offeriert, demnächst nicht nur im Internet. Endlos wird unser Schülerdasein beim lebenslangen Lernen, und nicht minder endlos stellt sich, dank hochmobiler Kommunikationsmittel, unsere Erreichbarkeit dar. Im Internet schließlich findet die Endlosigkeit ihre technisch perfektionierte Erfüllung: „Es schläft nie, macht nie Mittag, geht nicht in Urlaub", informiert uns „intel online services" in der Frankfurter Allgemeinen Zeitung und verspricht:

Die Mitarbeiter von intel online services sind genauso exakt wie die Technik, mit der sie arbeiten. Das Internet ist völlig unbarmherzig, absolut unnachsichtig und durch nichts zu ermüden. Um die Kontrolle zu bewahren, verhalten sich unsere Mitarbeiter ebenso.

Das nun ist wirklich nicht die angebotene Problemlösung, das ist das Problem. Die Endlosigkeit befreit nämlich nicht vom Zeitdruck, sie erhöht ihn. Zumindest solange der Mensch endlich ist. Es gibt keine Indizien, dass die Todesrate generell – auch nicht die der Mitarbeiter von „intel online services" – demnächst unter 100 % liegen wird.

Wäre das Menschenleben endlos, dann nur hätte die Endlosigkeit unserer Programme und Geräte einen Sinn. Weil der Mensch sterblich ist, produziert die Endlosigkeit nur noch mehr Hetze im Leben vor dem sicheren Tod. Eine Existenz nach dem Prinzip: „Alles hat kein Ende, nur der Mensch hat eins" gleicht einer Verurteilung zu permanenter Raserei. Nietzsche hat davor gewarnt:

Durch die sichere Aussicht auf den Tod könnte jedem Leben ein köstlicher, wohlriechender Tropfen von Leichtsinn beigemischt sein – und nun habt ihr wunderlichen Apotheker-Seelen aus ihm einen übelschmeckenden Gift-Tropfen gemacht, durch den das ganze Leben widerlich wird!

Menschliches, Allzumenschliches, Bd. II 2/695

Luftnummern

Wer als arbeitender Mensch Pausen macht, liefert sich rasch dem Verdacht aus, nicht alles für die Vorgesetzten zu tun und die volle Arbeitskraft der Firma vorzuenthalten. Folglich macht man keine Pausen. Da aber das pausenlose Leben nicht lebbar ist, wird man zu subversiver Kreativität genötigt. So kommt es neuerdings zu Erfindungen besonderer Art, wie etwa die der „aktiven Pause“ und den allseits beliebten „Pausenprogrammen“. Manager treiben nicht selten einen relativ teuren Aufwand, um zu ihren lebenswichtigen Pausen zu kommen. Geschäfts- bzw. Arbeitsessen sind relativ erprobte Formen, um bei den Nichtbeteiligten den nicht ganz unberechtigten Verdacht zu verringern, dass bei der Nahrungsaufnahme etwas anderes als nur Arbeit und Geschäft im Zentrum der genussvollen Ausschweifungen stehen könnte. Auch die Anmeldung zu einer Weiterbildungsveranstaltung in einem schön gelegenen Sporthotel lässt häufig Zweifel an der Arbeitsmotivation aufkommen.

Bei solchen Aktivitäten ist jedoch nicht sichergestellt, dass man von argwöhnischen Vorgesetzen per Mobiltelefon erreicht, kontrolliert und mit zusätzlichen Arbeitsaufträgen belastet wird. Deshalb ist die subversive Pausenkultur neuerdings noch etwas kreativer geworden. Pausen nämlich lassen sich heute in Zeiten der „Überall-Erreichbarkeit“ nur noch fliegend machen. Im Flugzeug nämlich dürfen und müssen all die gestressten Manager – ab und zu taucht sogar eine Managerin dort auf – endlich ihr nicht immer geliebtes Handy abschalten. Kein Vorgesetzter, kein Kunde, kein Mitarbeiter kann mehr ins Pausengeschehen störend eingreifen. Auch wird die Verführung, der eigenen selbstquälerischen Arbeitsmotivation nachzugehen oder sie wenigstens in demonstrativer Art und Weise anderen Mitreisenden vorzuspielen, umständehalber reduziert. Man wird ja verpflichtet – zumindest bei Start und Landung – alle elektronischen Geräte abzuschalten. Über den Wolken braucht sich die Pause nicht mehr vor sich selbst zu schämen und deshalb müssen es auch jene nicht, die mal eine Pause machen.

Dies scheint eine plausible Erklärung für den offensichtlichen, aber irgendwie auch seltsamen Sachverhalt zu sein, dass sich die vielen Menschen, die über Zeitmangel klagen, doch ganz viel Zeit nehmen, um permanent in dieser Welt umherzujetten. Sie fliegen zwar alle Miles, tun aber more.

Schnelle Pausenfüller

Man muss – das verlangt nun mal der Körper – ab und zu auch mal pausieren. Aber man muss nicht nur Pausen machen, man muss, so erwartet es unsere Gesellschaft, auch in den Pausen etwas machen. Es wäre anscheinend nicht auszuhalten, wenn Pausen einfach nur Pausen wären. Die gewohnte Alltags-Hektik und der von allen gut integrierten Staatsbürgern verlangte Beitrag zur Steigerung des Bruttosozialproduktes nötigen uns zum Pausenfüller. Und siehe da, man sieht's: Die Kurzpausenkultur ist als neue innovative Errungenschaft zu vermelden. In den Bürozentren am Stadtrand und in den geschäftigen Innenstädten, eben dort, wo die Büro- und die Geschäftsleute „mal schnell was trinken gehen" oder auch „mal kurz jemanden treffen müssen", dort findet man in immer dichter werdender räumlicher Konzentration die Institution des Steh-Bistros. Hier stehen sie dann, die vielen Führungskräfte, die ihren Mitarbeitern bei einem Gespräch keine Sitzgelegenheit mehr anbieten, damit sie diese schneller wieder los werden. Da stehen sie nun selbst, die Wichtigen und die Unwichtigen dieser Gesellschaft, die, denen es immer „pressiert" und die, wenn sie nach Zeit suchen, immer ihren verlegten Terminkalender ansteuern.

Konsequentes Verhalten zeigen diese termingeplagten Dringlichkeitsdynamiker auch bei dem, was sie konsumieren. Nehmen viele einen Espresso, so greifen andere zum Prosecco. Beides sind bekanntermaßen Hochgeschwindigkeitsgetränke, sowohl in der Herstellung, als auch beim Verzehr. Sie passen fabelhaft zum allseits beliebten Blitzmenü für Workaholics. Alles muss eben „express" sein – es pressiert ja auch – nur muss man sich beim Schnellsein sehen lassen, damit man gesehen wird: „Surfing the Zeitgeist“. Ein rascher Blick genügt für ein Urteil: Ihre Wichtigkeit ist so schnell wie der Espresso und so geschmacklos wie der Prosecco. Glücklicherweise stehen sie nicht lange rum.

Zeit, ins Bett zu gehen

Wie sich die Zeiten ändern! Wir benötigen, um das zu erkennen, keine breit angelegten historischen Analysen. Wir brauchen eigentlich nur die gravierenden Veränderungen unseres eigenen Alltagshandelns aufmerksam zu betrachten.

Ein offensichtliches Beispiel: Es ist noch nicht allzu lange her, dass unseren Vorfahren durch die untergehende Sonne der Weg ins Bett gewiesen wurde, und die aufgehende Sonne hat sie dann wieder daraus vertrieben. In der zweiten Hälfte des 20. Jahrhunderts hat, was das Signal zum Beginn der Nachtruhe betraf, der Sendeschluss des Fernsehens den Sonnenuntergang abgelöst. Und jetzt, wo es keinen Sendeschluss mehr gibt, müssen wir uns, wenn's um die Entscheidung „wach bleiben" oder „hinlegen" geht, selbst auffordern. Wer heute guten Gewissens ins Bett geht, braucht zumindestens einen Grund, besser mehrere. Das schlichte Naturereignis, dass die Sonne am Horizont verschwindet, reicht nicht mehr aus. Die Fernsehanstalten liefern uns auch keine bildlichen Argumente mehr, um uns bei ihnen nicht weiterhin zu langweilen. Wer halbwüchsige Kinder hat, kennt die lästige, protesthaltige Fragerei nur allzu gut: „Warum soll ich denn jetzt schon ins Bett?" Ja, warum eigentlich? Wir sind und wir werden gezwungen, uns etwas zu überlegen. Aber nur selten sind die Kinder mit unseren Antworten zufrieden. Auch dieser Rechtfertigungszwang ist ein nicht zu vernachlässigender Preis, den wir zahlen, seitdem wir meinen, über die Zeit frei entscheiden zu können.

Up, up and away

„Überhaupt", so beschreibt Wieland das Fluchtverhalten eines berühmten deutschen Kulturheroen, „rettete sich Goethe, wenn es in einer Periode bedenklich zu werden anfing, allzeit durch eine Reise." Das tun inzwischen viele, auch wenn sie dabei keine Literatur produzieren; und viele von den Vielen tun es wegen des „therapeutischen Effektes".

Aktivismus, so neuere Erkenntnisse der psychiatrischen Forschung, ist, häufiger als bisher angenommen, eine Art Abwehrstrategie gegen eine seelische Krise. Dabei handelt es sich nicht selten um eine Depression. Verdichtete Terminplanung, unentwegte Mobilität, rastlose Geschäftigkeit, alles dies ist eine heutzutage von der Gesellschaft akzeptierte Form der Dauerflucht vor der drohenden Leere und vor dem Gefühl existenzieller „Sinn-Losigkeit". Das, was die Liedermacher der siebziger Jahre noch mit dem Pathos der großen Freiheit bejubelten: „Heute hier, morgen dort, bin kaum da, muss ich fort", ist bei nicht wenigen Menschen zu einem Zwang geworden, den sie sich selbst verordnen. Wie die Eile, so sind auch das unstete Reisen und die Jagd nach Terminen aus der Not geboren. Ist irgendwann die zwanghafte Steigerung der Aktivitätsdosis nicht mehr möglich, dann wird der häufig depressive Hintergrund dieses rastlosen Verhaltens offensichtlich. Als akut gefährdet gelten jene Menschen, die sich von der Ruhe, vom Nichts-tun und von längeren Pausen bedroht fühlen. Insbesondere sind dies jene, die die Erwartungen an Mobilität und Aktivität kontinuierlich steigern. Letztlich fliehen sie vor sich selbst. Und doch werden sie sich selbst nicht los, da sie sich bei ihrer hyperaktiven Bewegungssucht immer mitnehmen. Sie fliehen aus den sie bedrückenden Situationen ins zeitliche und räumliche Vagabundieren.

Populärstes Beispiel dafür ist die unglückliche österreichische Kaiserin Sisi. Ihre Krisen hat sie bevorzugt durch stetes Herumreisen und durch Pseudoaktivitäten abgewehrt, um sie glaubhaft vor der Öffentlichkeit zu verstecken. Vor 100 Jahren standen die finanziellen und die technischen Möglichkeiten für eine solche Form der Abwehr jedoch nur wenigen Menschen zur Verfügung. Stetes, umherirrendes, durch abrupte Aufbrüche gekennzeichnetes Reisen in relativ weit entfernte Gegenden, eine solche Abwehrform seelischer Problematiken war ehemals nur Aristokraten und Großbürgern möglich. Heute sind solche Fluchten demokratisiert. Erheblich mehr Menschen als jemals zuvor stehen das dafür notwendige Geld und die technischen Mittel zur Flucht in hektische Betriebsamkeit zur Verfügung. Nicht allein dies, die heutige Gesellschaft belohnt und erwartet ein solches Verhalten geradezu. Mit den aufdringlichen Schlagworten „Mobilität" und „Flexibilität", die ja einen eindeutigen aktivitätsorientierten Aufforderungscharakter haben, wird die gesamte Bevölkerung permanent auf die Reise geschickt. Das Ziel dieser Reiserei bleibt dabei aber meist im Dunkeln – und dort steht dann so mancher Reisende.

Zur modernen Leitfigur dieser Bewegung für die Bewegung wurde Sarah Krasnoff. Praktisch ohne Unterbrechung überquerte sie im Jahr 1971 in Flugzeugen der KLM über 160-mal den Atlantik, bis sie schließlich, am Ende ihrer Kräfte, in einem Hotel in Amsterdam starb. Eine Gesellschaft, die den Menschen nur ein Zuhause in der Bewegung anbietet, verführt ihre Mitglieder auch dazu, ihre psychischen Krisen durch Aktivität und Pseudoaktivität zu maskieren. Neuerdings geschieht dies immer häufiger auch virtuell. Als Online-Wanderarbeiter bewegen wir uns in Lichtgeschwindigkeit zwischen schnell wechselnden Orten und unterschiedlichen Zeitzonen, ohne uns dabei von unserem Sitzplatz erheben zu müssen. Die weltweit führende japanische Firma für Spielecomputer wirbt in der Londoner U-Bahn mit dem Slogan: „Wo immer Du bist – sei woanders“. Sisi hat genau dies vor über 100 Jahren bereits praktiziert; ebenso wie vor ihr Dostojewski und später dann auch Hemingway. Ganz zu schweigen von jenen vielen unbekannten Personen, die ihre Suche nach dem Sinn und ihre Fluchten vor der sie bedrückenden Sinn-Losigkeit öffentlichkeitsfern realisieren.

„Ich eile, also bin ich“, das ist die heutzutage beliebte Notlösung, durch die die Gefühle der Hoffnungslosigkeit, der Hilflosigkeit und der Ohnmacht bekämpft oder zumindest verschleiert werden sollen. So etwas aber gelingt nur unter der Bedingung einer weiter steigenden Dosis an Mobilität und Hetze. Denn immer schnelleres Tempo macht nervös, und die daraus entstehende Nervosität macht temposüchtig. Tabucchi hat diese verzweifelte Ruhelosigkeit in seelischen Dauerkrisen anschaulich beschrieben:

Und so irrt er wieder herum, auf der Suche nach nichts; die Mauern dieses engen Gässchens scheinen ihm eine Belohnung in Aussicht zu stellen, die er nicht bekommen kann, als säumten sie die Strecke eines Würfelspiels, das aus leeren Feldern und Hindernissen besteht, und er geht darin im Kreis herum und hofft, das Rad würde irgendwann stehen bleiben und die Kugel auf eine Zahl fallen, die dem Ganzen eine Bedeutung verleiht!

Der Rand des Horizonts, Frankfurt 1997

Die Flucht vor sich selbst und vor den depressiven Stimmungslagen verbindet sich mit der aussichtslosen Hoffnung, alles wäre schöner und besser, wenn man nur woanders wäre. Dies ist, in einem Satz, das Charakteristikum des „Sisi-Syndroms", das man besser „Hemingway-Syndrom" nennen sollte. Denn es sind ja meistens Männer, die ihre Heimat im Unterwegssein suchen. Immer sind sie auf dem Sprung und immer weniger sind sie auf dem Laufenden. Zielloses, unzusammenhängendes Umherirren ist heutzutage eine der anerkanntesten Notlösungen, aber es ist auch eine Fortsetzung der Not und eben deshalb keine Lösung. Verändert wird letztlich nichts. Denn es sind ja nicht die rasch wechselnden Orte, die man aufsucht, um sie dann sogleich wieder zu verlassen, die den Grund für das Gefühl des Unbehagens abgeben, sondern es sind die dorthin reisenden Individuen selbst mit ihren problemlastigen Stimmungen. Um wirklich an ein Ziel zu kommen, müsste die Reise daher konsequenterweise zu sich selbst gehen.

Allegro non troppo

Liebe Zeit

Für Kinogänger ist schnell alles klar. Wenn im Film während einer innigen Liebesszene das Telefon klingelt und der beteiligte Mann – es ist immer der Mann – den Hörer in die Hand nimmt, dann weiß man, dass die Beziehung am Ende ist (weil der Mann in diesem Fall am falschen Ende ist). Mit dem Telefonhörer in der Hand kann man nicht lieben. Man kann die Zeit damit organisieren, und solche Tätigkeit ist das Gegenteil von Liebe. Denn in der Liebe muss man Zeit verlieren, ja man muss sie sogar vergessen. Liebe zum Gegenstand von Organisation und Planung zu machen bedeutet, an ihrer Vernichtung zu arbeiten. Liebe ist Zeitvergessenheit – Arbeit ist Zeitversessenheit. Nur wer die Zeit vergisst, kann sie lieben, und auch nur wer die Zeit vergisst, kann lieben. Liebe hat keine Zeit – sie ist die Zeit.

Fabelhafte Tempoversessenheit

Vor hundert Jahren zitierte man in den Führungsetagen der Unternehmen bei schwierigen Entscheidungssituationen bevorzugt das Motto der französischen Kavallerie: „Im Zweifel galoppieren."

Heute bedienen sich Manager für die gleiche Situation gerne folgender Fabel:

Jeden Morgen wacht in Afrika eine Gazelle auf. Sie weiß, sie muss schneller laufen als der schnellste Löwe, um nicht gefressen zu werden.

Jeden Morgen wacht in Afrika ein Löwe auf. Er weiß, er muss schneller als die langsamste Gazelle sein, oder er würde verhungern.

Es ist egal, ob man ein Löwe oder eine Gazelle ist: Wenn die Sonne aufgeht, musst du rennen!

Eine solche Aufforderung zur reinen Tempoversessenheit führt, überprüft man die darin beschriebene Realität genauer, zu hochgefährlichen Situationen. Sie ist nämlich in der Tierwelt überhaupt nicht anzutreffen. Nur kapitalisierte Menschen mit ihrer selektiven „Zeit ist Geld"-Wahrnehmung sehen die geschilderte afrikanische Wirklichkeit so einseitig, so schlicht und so verengt, wie in dieser fabelhaften Geschichte. Verhielten sich die Tiere wirklich wie beschrieben, dann würden sie über kurz oder lang (eher über kurz) verhungern oder aufgrund akuter Erschöpfung zugrunde gehen. Wer jemals Löwen bei der Nahrungssuche beobachtet, oder sie zumindest in einem der inzwischen unvermeidlichen Tierfilme im Fernsehen angesehen hat, wird übrigens schnell (!) erkennen, dass deren Jagd auf Gazellen ein längeres Warten, angespannte Ruhe, langsames, sehr langsames Anschleichen vorangeht, bis sie schließlich im letzten Moment versuchen, das flüchtende Tier mit hoher Geschwindigkeit zu erlegen. Erfolgreiche, d.h. überlebensfähige Jäger sind nur solche Löwen, die eine breite Vielfalt von zeitlichen Verhaltensformen beherrschen, und auch Gazellen können sich nur erfolgreich vor den Löwen retten, wenn sie sich auf diese Zeitvielfalt der Löwen einstellen und nicht nur rennen, rennen, rennen. Täten sie dies nämlich, bräuchten die Löwen nur zu warten, bis sich ihnen die erschöpfte Gazelle schließlich zum Fraß anbietet. Pure Tempoversessenheit führt nicht zur Sattheit, sondern zum raschen(!) Tode.

Wenn die Schnelleren immer den Sieg davontrügen, dann würde die Menschheit von den Geparden regiert – diese aber sind, wie man ja weiß, vom Aussterben bedroht. Und sie sind auch anderweitig ein zweifelhaftes Vorbild für Hochgeschwindigkeitsaktionen in den Unternehmen. Ihr hohes Tempo ist nicht viel mehr als ein Blitzstart, denn nach 500 Metern machen sie schlapp und brechen die Jagd erschöpft ab. Löwen schaffen nicht einmal 500 Meter in Höchstgeschwindigkeit.

Das Überleben ist etwas komplizierter als in der Fabel behauptet. Sowohl in der Natur als auch in den Betrieben und Unternehmen. Als Erster zu starten reicht nicht – sonst ist man schnell auch als Erster am Ende. Und dort – im Grabe nämlich – hat man schließlich die vermisste Zeit zur Genüge; aber erheblich weniger Raum, sie zu nutzen. Die das Überleben und die das gute Leben absichernde Alternative zur kollektiven Raserei sieht etwas anders aus:

Jeden Morgen wacht in Afrika eine Gazelle auf. Sie weiß, dass sie nur dann den Tag überleben wird, wenn sie die Zeiten beachtet, zu denen die Löwen sich auf Nahrungssuche machen und wie sie das tun.

Jeden Morgen wacht in Afrika eine Löwin auf. Sie weiß, dass sie nur dann nicht verhungern wird, wenn sie die Zeiten beachtet, zu denen die Gazellen ihren Durst am Wasser stillen. Es ist egal, ob man eine Löwin oder eine Gazelle ist: Wenn die Sonne aufgeht, muss man etwas von den Zeiten anderer Lebewesen verstehen und sie beachten – und man muss die eigenen zeitlichen Möglichkeiten richtig abschätzen können.

Warteschleifen

Die beschleunigte Moderne hat uns ein neues Phänomen beschert, die „Warteschleife“: „Bitte haben Sie etwas Geduld“ für den deutschsprachigen Anrufer, „Please hold the line“ für den globalisierten Weltbürger, jeweils im Zehn-Sekunden-Abstand. Dazwischen, als eine akustische Form der Luftverschmutzung, gesofteter Chopin, Brahms und Mozart und besonders häufig jene abgenudelte Popmusik, die uns auch in Herrenboutiquen, Kaufhausaufzügen oder in Trendlokalen während des Essens belästigt.

Der Originalitätsdruck der Postmoderne ist beim Warten in der Leitung unüberhörbar geworden. Den Autor dieser Zeilen transportierte jüngst der Redakteur eines ökologisch ausgerichteten Journals akustisch in das Amazonasbecken: „Ich stell Sie mal schnell in den Regenwald, Herr Geißler, gerade ruft nämlich jemand auf der anderen Leitung an.“ Es bedarf schon ausgeprägter Fähigkeiten zur raschen Umstellung, in Sekundenschnelle vom deutschen, spätwinterlichen Schmuddelwetter im Regenwald zu landen. Die Vermutung liegt nahe, das alles sei ein Trainingsprogramm zur Steigerung der Globalisierungsfähigkeit. Von wegen Hotline! Oder heißt das deshalb so, weil man bei dieser vertonten Warterei nur allzu leicht ins Schwitzen kommt?

Hier läuft was schief. Unterstellt wird, dass Anrufer nicht warten können und sich ohne Ablenkungsprogramm dieser Welt hilflos ausgeliefert erfahren. Aber was ist eigentlich am Warten so schlimm, dass man es akustisch verschleiern müsste? Man könnte ja zum Beispiel während des Wartens eine Glosse über die verloren gegangenen Fähigkeiten, warten zu können, schreiben. Davon jedoch wird man per fremdbestimmter fürsorglicher Belagerung abgehalten. Vielleicht besteht der Zweck des musikalischen Terrors ja gerade darin, zu verhindern, dass man eine Glosse übers Warten schreibt. Wahrscheinlicher ist jedoch die These, dass sich eine Gesellschaft, die sich nur allzu gerne „Dienstleistungsgesellschaft" nennt, an jedem Ort und zu jeder Zeit verpflichtet fühlt, irgendeinen Service anzubieten. Wenn die nachgefragte Dienstleistung nicht sogleich verfügbar ist, dann verschleiert man diesen Sachverhalt, indem man eine andere, nicht angeforderte, liefert. Eine solcherart belästigende Dienstleistungsgesellschaft ist nichts anderes als eine totalitäre Aktivitätsgesellschaft. In dieser muss immer etwas los sein, weil man sonst merkt, dass in ihr nichts los ist. Hastiges Warten wird akzeptiert, Warten pur nicht!

Karl Valentin hätte in seiner Warteschleife wahrscheinlich folgenden Text programmiert: „Du bleibst dran – und zwar sofort." Das wäre ehrlich. Eine Alternative zum heute üblichen verkümmerten Unterhaltungsprogramm, das man nicht bestellt hat.

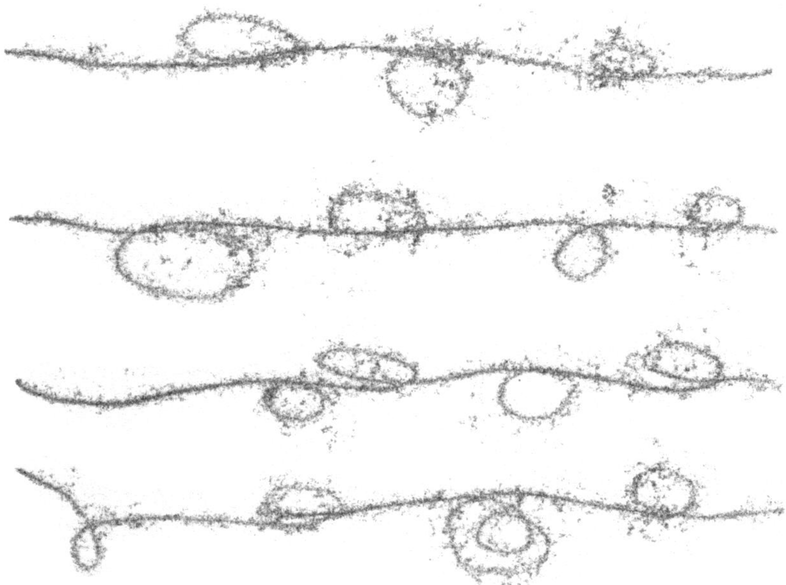

TLG

Umwegiges

Die Zeit ist einen Umweg wert. Wer eilt, wer immerzu versucht abzukürzen und stets nur den geraden Weg geht, wird die Zeit nicht entdecken, wird sie nicht erforschen und nicht lieben können. Versucht man es trotzdem, so landet man – für die Zurückgebliebenen manchmal überraschend schnell – bei der ungleichen Schwester der Zeit, der Ewigkeit. Die Geschichte des Umwegs ist zu einem großen Teil mit der Geschichte jenes Aufwandes identisch, mit dem wir die Suche nach der Zeit, nach der gewonnenen, der verlorenen, der unbegriffenen, betrieben haben und mehr denn je betreiben.

Hans Blumenberg nimmt den direkten Weg, um in seinem Buch: „Die Sorge geht über den Fluss" auf das Fruchtbare und das Befreiende des Umwegs zu sprechen zu kommen.

Nur wenn wir Umwege einschlagen, können wir existieren. Gingen alle den kürzesten Weg, würde nur einer ankommen. Von einem Ausgangspunkt zu einem Zielpunkt gibt es nur einen Weg, aber unendlich viele Umwege. Kultur besteht in der Auffindung und Anlage, der Beschreibung und Empfehlung, der Aufwertung und Prämierung der Umwege.

Nicht jeder erlebt alles, wenn auf Umwegen gegangen wird; dafür aber auch nicht alle dasselbe, wie wenn auf dem kürzesten Weg gegangen würde. Andersherum: Alles hat Aussicht, erlebt zu werden, wenn es gelingt, alle auf Umwegen gehen zu lassen. Die Welt bekommt Sinn durch die Umwege der Kultur in ihr.

Und nicht nur „Sinn", so möchte man Blumenberg ergänzen, sie wird auch größer. Christoph Columbus hat es uns vorgemacht. Man will auf Umwegen nach Indien und entdeckt dabei Amerika. Um etwas Ähnliches zu erleben, muss man nicht aufs Schiff, das geht auch zu Fuß, das erfährt man mit dem Fahrrad und auch mit dem Auto, wenn man mal wegen einer Straßensperre einen ungewohnten Weg einschlagen muss und dabei plötzlich Dinge sieht, von denen man nicht wusste, dass es sie gibt.

Seien wir ehrlich, der Alltag ist umwegig, er entspricht nicht der exakten Reihung der Wäscheleine. Nietzsche wusste das. „Nur Zickzack geht gewöhnlich unser Lauf", notierte er. Auch Feinschmecker wissen den Umweg zu schätzen. Jene Restaurants, die in einem sehr verbreiteten Wegweiser mit zwei Sternen prämiert werden, erhalten darin die Charakteristik: „Eine hervorragende Küche – verdient einen Umweg." Lassen Sie es sich gut gehen, machen Sie ein paar Umwege. Und wenn Sie dann auch bei den Umwegen noch Umwege machen, dann entdecken Sie vielleicht ein noch viel besseres Lokal, das jene Testpersonen übersehen haben, die für den Restaurantführer nur bekannte Umwege gegangen sind.

Nun aber steht es nicht in jedermanns Möglichkeit und Absicht, sich einen teuer bezahlten Umweg, wie jenen zu einem Zweisternelokal, leisten zu können oder zu wollen. Auch mit weniger finanziellem Aufwand lässt sich ein Loblied auf den Umweg anstimmen. Zum Beispiel mithilfe einer schön erfundenen jiddischen Episode:

Der Rabbi hat sich zu einem blinden Säufer an den Tisch gesetzt und redet ihm gut zu: „Trink doch Milch!" Darauf fragt der Säufer abwehrend zurück: „Was ist Milch?" Der Rabbi: „Milch ist eine weiße Flüssigkeit." – „Nun, und was ist weiß?" – „Weiß ist zum Beispiel ein Schwan." – „Ja, und was ist ein Schwan?" – „Ein Schwan, das ist ein Vogel mit einem langen, krummen Hals." – „Gut, aber was ist krumm?" – „Krumm?", wiederholt der Rabbi und sagt: „Ich werde meinen Arm biegen, und du wirst ihn abgreifen. Dann weißt du, was krumm heißt." Der Blinde tastet sorgfältig den aufwärts gebogenen Arm des Rabbis ab und sagt dann resigniert: „Jetzt weiß ich, was Milch ist."

Ach ja, *Ich schweife ab, aber das geschieht nicht eigentlich aus Versehen, sondern weil es mir so behagt.*
MONTAIGNE

Zeit des Übergangs

Der Übergang befindet sich im Übergang. Die territorialen, aber auch die zeitlichen Intervalle stehen unter Rationalisierungsdruck. Diese Entwicklung ist Teil jenes nebulösen Prozesses, den wir bevorzugt mit dem Begriff der „Globalisierung“ zu fassen versuchen. Übergänge dienen der Systemerhaltung, da mit ihrer Hilfe Unterscheidungen gemacht werden können. So etwa lässt der zeitlich-räumliche Übergang „Heimweg“ die Unterscheidung zwischen Arbeit und Freizeit zu. Andererseits verbindet dieser Übergang auch beide Lebenswelten. Der Stimmbruch, ein temporal-biologischer Übergang, der dem männlichen Geschlecht vorbehalten ist, betont den Unterschied zwischen Kind und Jugendlichem. Einen anderen zeitlichen Übergang lässt uns der kosmisch gesteuerte Tagesablauf zweimal erleben (vorausgesetzt wir verschlafen ihn nicht), es ist die Dämmerung. Damit ist jenes kurze Schattenreich benannt, in dem es gerade noch hell genug ist, um zu sehen, dass es beginnt, dunkel zu werden bzw., wo wir uns und unsere Augen langsam an jene Helligkeit gewöhnen, die uns, wenn sie übergangslos geschähe, durch Blendung belästigen würde. Die Dämmerungszeiten mit ihrem Aufforderungscharakter, sich vom Zustand der Passivität in den der Aktivität oder von der Aktivität in den der Passivität zu begeben, sind Signale der natürlichen Umwelt. Sie verleihen den Menschen und ihren sozialen Systemen Orientierung und synchronisieren die äußere mit der inneren Natur.

Neben den in der Natur häufig vorkommenden Zeitgebern des Übergänglichen haben die Menschen auch selbst solche Zeitformen des „Dazwischen“ entwickelt. Sie gehören zum unverzichtbaren Bestand zivilisatorischer und kultureller Errungenschaften. So beruht zum Beispiel das von den Babyloniern etablierte zivilisatorische Zeitmuster der „Woche" auf der qualitativen Differenz von Feiertag und Werktag. Durch kulturspezifisch geprägte Übergangshandlungen werden die Tage des Kultes mit denen der Arbeit verbunden. Früher diente in Mitteleuropa der „blaue Montag" dazu, heute ist es die Flucht aus der Stadt am Freitagnachmittag und die Rückkehr am Sonntagabend. Der daraus resultierende Verkehrsstau scheint zum allseits akzeptierten sozialen Übergangserlebnis geworden zu sein. Ehemals besaßen Feiern und Feste diese soziale Funktion. Der schöne Ausdruck des „Feierabends", den wir als Begriff heute noch benutzen, den wir als Realität aber nicht mehr feierlich gestalten, erinnert daran.

Bevorzugt organisieren Menschen solche Zeitschwellen durch Rituale. Fast alle Religionen haben diesbezüglich ein breites Angebot. So beispielsweise in den christlichen Kirchen die Taufe, die Konfirmation oder die Kommunion, Trauungen und Beerdigungen. Schulentlassfeiern, Aufnahmerituale und Freisprechungsfeiern für Lehrlinge, Gesellen- und Meisterprüfungen sowie Schul- und Hochschulexamina sind weltliche Zeitereignisse, um soziale und individuelle Überschreitungen zu gestalten.

Der Übergang ist eine Zeit, die auf der Kippe steht. Sie verändert ihre Qualitäten mit dem gesellschaftlichen Wandel. Manche Übergänge werden wichtiger, andere verlieren an Bedeutung. Einige fallen ganz weg, neue kommen hinzu. Der Übergang ist selbst im Übergang. Heute steht er unter Zeitdruck, er wird flüchtig. Der Griff zum Schalter, der Tastendruck und der Mausklick, sie alle minimieren und eliminieren ihn. Bereits vor längerer Zeit haben wir den natürlichen Übergang zwischen

Helligkeit und Dunkelheit durch eine geringfügige Manipulation am Lichtschalter zum Verschwinden gebracht. Er schrumpft zum elektronischen Impuls, wird unsichtbar und verliert seine Bedeutung für die Auseinandersetzung des Ichs mit der Welt und mit den in dieser Welt stattfindenden Ereignissen. Die Orte des Dazwischen und die Zwischenzeiten gehen verloren, oder – dies ist identisch – sie werden total.

Wenn alles zum Dazwischen wird, liegt nichts mehr dazwischen. Dies ist die von dem französischen Zeitphilosophen Paul Virilio vertretene These von der transitorischen Gesellschaft, in der die Menschen sich permanent im Zustand des Transits befinden. In der von ihm benannten Paradoxie des „rasenden Stillstandes" kommt zum Ausdruck, dass zwar die Gesellschaft auf die Totalisierung des Übergangs hinsteuert, dieser Zustand aber zugleich einen lebenswichtigen Übergang vernichtet, denjenigen zwischen Aktivität und Ruhe. Alle Übergänge sind nur noch Übergänge zwischen unterschiedlichen Formen der Aktivität. Die Gesellschaft tendiert zur Hyperaktivität. Sie verliert wichtige Orientierungsmarken, sodass sich die Individuen wegen fehlender Haltegriffe nur mehr torkelnd durch die Zeit bewegen. Irgendwann wird es uns schon wieder dämmern. Hoffentlich bevor wir all die schönen Falten von Raum und Zeit, die Übergänge, zur Gänze glatt gebügelt haben.

Teuflische Eile

„Alles, und dies sofort", das will Faust, der Prototypus des Dringlichkeitsdynamikers, am Beginn der beschleunigten Moderne. Liebe will er schnell, wissenschaftliche Erkenntnisse rasch, Geld und Pretiosen sowieso und dazu auch die notwendige Dosis Metaphysik. Von wem bekommt er das? Vom Teufel selbstverständlich.

Der „Faust" ist das Drama des Glück suchenden, hektischen Menschen. Charakterisiert ist dieser durch die Sucht und die Sehnsucht nach sofortiger Erfüllung. Der Teufel spielt dabei die Rolle der Fernbedienung für die eilige Wunscherfüllung. Heute haben wir das rationalisiert und demokratisiert. Fernbedienungen der eiligen Wunscherfüllung gehören zur Grundausstattung jedes Haushaltes. Der Teufel muss nicht mehr persönlich als Beschleuniger vorbeikommen, er sitzt – und das sprichwörtlich – im technischen Detail. Faust müsste heute nur auf den Knopf drücken und schon hat er das, was er sich wünscht. Aber hat er sich das gewünscht?

Und nutzt der Teufel nicht auch heute noch die Hast, die Hetze und die Eile, die er anzubieten hat, ausschließlich zu seinem eigenen Vorteil? Diese teuflisch-beschleunigten Zeiten kommentierte Goethe selbst (1825):

Man verspeist im nächsten Augenblick den vorhergehenden und so springts von Haus zu Haus, von Stadt zu Stadt, von Reich zu Reich und zuletzt von Weltteil zu Weltteil. Alles veloziferisch.

Nein, Faust wird nicht der Herr der Zeit, er wird ihr Opfer. Wie all die vielen Menschen heute auch, die die schnelle Wunscherfüllung wollen.

Zeitvielfalt

Wir kennen vielerlei Möglichkeiten, uns zeitlich zu verhalten. Wir kennen die Schnelligkeit, die Langsamkeit, das Warten, das Pausieren, die Wiederholung, das Trödeln und vieles andere mehr. Alles das sind Zeitformen, die in ihrer praktisch gewordenen Fülle das Leben bunter, abwechslungsreicher und vielfältiger machen. In vergangenen Epochen wurden diese verschiedenen Zeitformen mit sehr unterschiedlichen Wertigkeiten ausgestattet. War früher die Wiederholung eine höchst angesehene und sozial erwünschte Zeitform, so wird sie heute diskriminiert: Wiederholer sind Sitzenbleiber. Ehemals war es die Schnelligkeit, die sozial deklassierend wirkte. Im klassischen Rom etwa gehörte es zum Ausweis des Bürgerstatus, dass man sich schreitend fortbewegte, die Sklaven erkannte man daran, dass sie rennen mussten.

Es ist auch noch nicht allzu lange her, dass Menschen, die der Raserei anheim fielen, in einer psychiatrischen Anstalt landeten. Heute können diese auf Beförderung in den diversen Hierarchien hoffen. So ändern sich die Zeiten. Trotzdem treffen wir im Alltag viele dieser unterschiedlichen Zeitformen immer noch an, aber, und das zeichnet unsere modernisierte Zeit aus, zumeist in beschleunigter Form. Die Pausen sind kürzer geworden, die Wiederholungen schneller und die Schnelligkeit hat sich selbst beschleunigt und das, was wir heute „langsam" nennen, galt früher als rasch. Ein treffliches Symbol dafür ist die Entscheidung, den Eilzug, anscheinend Repräsentant des Langsamen, durch den „Regionalexpress" zu ersetzen.

Wir können auch heute noch Zeitvielfalt erfahren und auch vielfältige Zeitformen leben – dies jedoch mit der wertenden Vorgabe, dass das Schnelle das Wichtigere, das Bessere und das Attraktivere ist. Das aber lässt die Vielfalt der Zeitformen nicht unberührt. Sie wird eintöniger. Vergleichbar ist diese Entwicklung mit einer in den Farben des Regenbogens ausgemalten Scheibe, die sich dann, wenn ihre Farbvielfalt in schnelle Rotation versetzt wird, zu einer weißen Fläche verändert. Die real existierende Vielfalt geht für die konkrete Erfahrung verloren. So geht es uns auch mit den vielen unterschiedlichen Zeitformen, deren Beschleunigung unseren Alltag zunehmend farblos macht.

Die Produktivität des Wartens

Wer auf die Pauke hauen will und sich dabei Gehör oder Einfluss oder anderweitigen großen Gewinn erhofft, der- oder diejenige muss warten können.

Vorbild dafür ist – was läge näher – der Pauker im Orchester. Lange Zeit sitzt er da, in passiver Aktivität verharrend, immer seine beiden Schlegel aktionsbereit in der Hand. Das begründet der Solopauker der Münchner Philharmoniker Stefan Gagelmann damit, dass er die ganze Zeit über aktiv zuhören muss, um sich auf den Verlauf der Musik einstellen zu können und um schließlich den Paukenschlag zum richtigen Zeitpunkt auszuführen. Gagelmann wörtlich: „Wenn ich da nur auf den Einsatz des Dirigenten reagieren würde, wäre ich hoffnungslos zu spät.“ Nur so ist er mit seinem Paukenschlag an jenem Zeitpunkt, den die Musik erfordert.

Solches Warten ist nicht zu verwechseln mit dem zurücklehnenden genießenden Warten, das sich die Zuhörer erlauben dürfen und sollen. Der Pauker wartet lauernd, beobachtend, hochaktiv. Das kann man und muss man lernen. Wo aber lernen Verantwortliche in den Unternehmen dieses produktive Warten, das ihren nicht gerade seltenen Paukenschlägen den symphonischen Erfolg verspricht? Ja, wo?

Überhitzte Konjunktur

Vor nicht allzu langer Zeit meldete die Süddeutsche Zeitung, dass der US-Spielzeughersteller Fisher-Price bis zu 10 Millionen batteriebetriebener Kinderautos wegen Brandgefahr zurückrufen musste, nachdem eine größere Anzahl von Kindern und Wohnungen Brandschäden erlitten hatte. So lösen überhitzte Produktion und überhitzte Markteinführung, nicht bei den dafür Verantwortlichen, sondern beim Endverbraucher die zu erwartenden Brände aus. Das ist nun wirklich kein Kinderspiel mehr.

Was nennen wir Freiheit?

- Andauernd über Zeit entscheiden zu können?
- Permanent erreichbar zu sein?
- Lebenslang, bis zum Tode, lernen zu müssen?
- Mehr als 100 Fernsehprogramme benutzen zu können?
- Rund um die Uhr einkaufen zu dürfen?
- Uns ohne Geschwindigkeitsbegrenzung von Ort zu Ort bewegen zu können?
- Keinen Sonntag mehr arbeitsfrei haben zu müssen?

Was sind das eigentlich für Freiheiten, die wir „Freiheit“ nennen? Und was werden wir in Zukunft als „Freiheit“ bezeichnen?

Zeit verlieren, um Bildung zu gewinnen

„Es will alles seine Zeit haben“ und „wenn man hundert Hühner über ein Ei setzte, würde es vor der Zeit nicht ausgebrütet“. So müssen wir Zeit verlieren können, um Bildung zu erlangen. Wer immer nur Zeit gewinnt, bleibt ungebildet. Man kann die Bildungswege nicht nach dem Muster unserer Hochgeschwindigkeitsstrecken planen und realisieren, und man kann sie auch nur auf Kosten wirklicher Bildung an der Zeitorganisation unserer Güterproduktion ausrichten. Zeit ist eben nicht nur Geld, sie ist auch das Medium, in dem man sich entwickeln und bilden kann.

Der Königsweg der Bildung ist der Umweg. Nur durch ihn erfährt man Neues, Überraschendes, Ungewohntes, und nur durch ihn hat man die Chance, sich zu entwickeln. Es ist die Produktivität der Zeitvielfalt, die solche Umwege lehrreich macht. Durch die Verkürzung der Arbeitszeit erhielten wir die Möglichkeit, ganz andere Formen des Umgangs mit Zeit zu pflegen und zu entwickeln. Bildung könnte u.a. dann geschehen, wenn wir die durch die Arbeitszeitverkürzung gewonnene Zeit dafür verlieren.

Vom rechten und vom richtigen Augenblick

Der Augenblick ist eine Zeiteinheit, die jenseits der Uhrzeit liegt. Er widersteht einer Umrechnung in Sekunden, Minuten oder Stunden. Man erlebt kurze und lange Augenblicke, schöne und entsetzliche. Manche warten auf den Augenblick, andere dagegen lassen einen Augenblick warten. Seltsam indifferent zeigt sich dieses so häufig im Alltag gebrauchte Zeitmaß. Solche Uneindeutigkeit ist es, die den Augenblick so interessant und attraktiv macht.

Neuerdings verwenden wir, speziell im Wirtschaftsleben, einen Begriff, der auf den ersten Augenblick so aussieht, als trete er an dessen Stelle. „Just-in-time" heißt die relativ junge ökonomische Erfolgsformel. Den „Augenblick" und das „Just-in-time" trennen jedoch Zeit-Welten. Der Augenblick ist nicht identisch mit dem, was just-in-time geschieht. Der gravierende Unterschied liegt in der Differenz zwischen dem rechten und dem richtigen Augenblick.

Der rechte Augenblick ist nicht berechenbar, er ist unsicher, man weiß nicht, ob er eintrifft, und doch muss man etwas tun, um ihn nicht zu versäumen. Man muss warten können, und zwar aktiv, um möglicherweise schnell zuzugreifen, wenn er auf einen zukommt. „Le bon moment" nennen die Franzosen diese Situation. Der richtige Augenblick dagegen ist das Ergebnis einer gut gelungenen Kalkulation. Man kann ihn beziffern und verhält sich dabei so, dass man ihn just-in-time erreicht. Der richtige Augenblick ist das gelungene Ergebnis einer unter Zeitdruck zustande gekommenen Kalkulation. Der rechte Augenblick ist ein Geschenk des Zeitwohlstands. Mit richtigen Augenblicken lassen sich Profite machen. Das Glück hingegen kommt zum rechten Augenblick. Es lässt sich nicht kaufen, jedenfalls nicht just-in-time. Es hat keine Zeit. Für den richtigen Augenblick benötigen wir viel Zeit und für den rechten Augenblick benötigt die Zeit uns.

„Wart' mal schnell, ich hab nur einen kurzen Hinweis"

Warten ist uns lästig. Zu unseren modernen Paradiesvorstellungen gehört es, nicht mehr warten zu müssen. Vom Warten – so die oft gebrauchte Alltagsformel – werden wir „erlöst". Früher sahen Erlösungen anders aus, zumindest hat man auf sie gewartet. Das tut heute nur mehr eine zunehmend kleiner werdende Minderheit. Alles soll möglichst sofort, überall und jederzeit zur Verfügung stehen. Warten kommt bei dieser Nonstop-Mentalität nur als möglichst rasch zu behebender Defekt vor. Ganz anders war das in zurückliegenden Jahrhunderten. Warten war ehemals nicht verlorene, im Gegenteil, warten war gewonnene Zeit (ohne dass damals in diesen Kategorien gedacht wurde). Die „Warte" nämlich, die heute in so manchem ländlichen Flurnamen überdauert, war ein turmartiges Bauwerk, das bevorzugt auf Anhöhen mit guter Rundumsicht errichtet wurde. Von dort hielt man Ausschau, um die Bevölkerung im Falle ihrer Bedrohung durch Feinde möglichst frühzeitig zu informieren. Mithilfe dieser ausgespähten Information gewann man Zeit zur Flucht oder zur Vorbereitung von Gegenmaßnahmen.

Auch in älteren Wörterbüchern, die zur Erläuterung von Begriffen dienen, stößt man bei der Erklärung des Verbs „warten" auf ein völlig anderes Verständnis als jenes, das wir heute vom „warten" haben. „Warten", das bedeutete einstmals „verweilen, pflegen, Ausschau halten, wahrnehmen, sorgen, bewahren, schützen, den Blick auf etwas werfen". Im „warten" sind zwei gegensätzliche Zeitformen eine produktive Verknüpfung miteinander eingegangen. Einerseits das Langsame, das Statische, das Harrende und Beharrende, andererseits das Potenzial zur Schnelligkeit, zur raschen Reaktion. Man muss warten können, um im richtigen Moment schnell sein zu können. Heutzutage aber beschleunigen wir das Warten und zerstören damit die fruchtbare versöhnte Verschiedenheit seiner zeitlichen Potenziale. „Wer nicht warten kann bis ihn dürstet“, so Montaigne, „wird am Trinken kein Vergnügen finden.“

Raststätten der Rastlosen

Die Datenautobahnen machen das Leben noch schneller, als es durch die Autobahnen, auf denen wir uns physisch bewegen, bereits geworden ist. Dadurch, dass wir jetzt bei unseren Reisen durch und um die Welt unseren Körper nicht mehr mitnehmen müssen, stoßen wir in neue Dimensionen der Beschleunigung vor. Aber auch dies benötigt Zeit, die wir unserer Körperlichkeit abgewinnen müssen. Wie uns die Schlafforscher auf ihrem Berliner Kongress im Jahre 1997 mitteilten, ist die durchschnittliche Schlafmenge (eine Quantifizierung, die dem Begriff der Geldmenge nachempfunden wurde) in den letzten beiden Jahrzehnten um dreißig Minuten gesunken. Wenn nicht ein Großteil der Bevölkerung vor dem Fernseher oder bei einer Warteschleife im Internet einschlafen würde, dann wäre die durchschnittliche Schlafmenge noch viel geringer. Wir werden sie schon noch gegen Null bringen. Dieser Ehrgeiz zumindest raubt uns den Schlaf. Denn was uns Nestflüchtern blüht, ist nichts anderes als die Über-Wachung.

Auch die Nahrungsaufnahme haben wir beschleunigt. Überall, besonders aber an den Knotenpunkten unserer Umtriebigkeit, leuchtet uns das goldgelbe „M“ entgegen oder zumindest der Hinweis, wie viele Meter es noch bis zum nächsten Big Mac sind. Wie einstmals die Klöster auf den langen Pilgerwegen, versprechen solche Schilder Stärkung für den weiteren Weg ins Irgendwo. Aber im Unterschied zu den Gläubigen früherer Zeiten kennen die unfrommen Wanderer von heute kein heiliges Ziel mehr, an dem sie nach langer Reise anzukommen hoffen. Ihnen ist nichts mehr heilig, außer dem Kampf gegen die Zeit. Der aber kann nur dann gewonnen werden, wenn man die Zeit und nicht den Kampf gegen sie heiligt.

Was man sich merken sollte

Man ist nicht auf der Welt, um sich abzustrapazieren.

HUGO BALL

Es ist umsonst, dass ihr früh aufsteht.

PSALM 127, 2

Wir könnten Menschen sein. Einst waren wir schon Kinder. Wir sahen Schmetterlinge. Wir standen unterm silbernen Wasserfall. Wir sahen alles. Wir hielten die Muschel ans Ohr. Wir hörten das Meer. Wir hatten Zeit.

MAX FRISCH

Wer mit der Zeit mitläuft, wird von ihr überrannt, aber wer still steht, auf den kommen die Dinge zu.

GOTTFRIED BENN

Man muss der Zeit die Hand bieten.

M. SEILER

Pozzo: *Hören Sie endlich auf, mich mit Ihrer verdammten Zeit verrückt zu machen. Es ist unerhört! Wann! Wann! Eines Tages, genügt Ihnen das nicht? Irgendeines Tages ist er stumm geworden, eines Tages bin ich blind geworden, eines Tages werden wir taub, eines Tages wurden wir geboren, eines Tages sterben wir, am selben Tag, im selben Augenblick, genügt Ihnen das nicht?*

SAMUEL BECKETT

Die Zeit kann eigentlich nicht wegrennen, denn die Zeit kann nicht sagen, ich hab' keine Zeit.
TIM, 11 Jahre

Ja, renn nur nach dem Glück,
Doch renne nicht zu sehr!
Denn alle rennen nach dem Glück,
Das Glück rennt hinterher.
BERTOLT BRECHT

Ich finde, ihr könntet Besseres mit Eurer Zeit tun, als sie auf Rätsel ohne Lösung zu verschwenden.
L. CAROLL: Alice im Wunderland

Wer das Lernen übt, vermehrt täglich.
Wer den Sinn übt, vermindert täglich.
Er vermindert und vermindert,
bis er schließlich ankommt beim Nichtsmachen.
Beim Nichtsmachen bleibt nichts ungemacht.
Das Reich erlangen kann man nur,
wenn man immer frei bleibt von Geschäftigkeit.
Die Vielbeschäftigten sind nicht geschickt,
das Reich zu erlangen.
TAO TE KING

Eines Tages wird es gleichgültig sein,
ob wir glücklich oder unglücklich sind,
weil wir für keines von beiden Zeit haben.
TENNESSEE WILLIAMS

Wie weit ist es zur nächsten Stadt? Wenn ihr langsam fahrt, eine halbe Stunde. Wenn ihr schnell fahrt, einen halben Tag.

TILL EULENSPIEGEL

Time is on my side

Zeitwohlstand

In einem gut besuchten Münchner Biergarten, an einem langen, lichten Juniabend, setzt sich ein älterer Einheimischer, der an seiner stoisch-immobilen Gelassenheit sowie an seiner Kleidung als Bayer zu erkennen ist, mit einer Maß Bier an einen der halb leeren Tische. Andere, junge, sportliche Menschen setzen sich ihm gegenüber, packen einen Wurstsalat aus und trinken dazu koffeinhaltige Limonade. Diese ungewöhnliche Komposition von Speis und Trank vermag den schnauzbärtigen Bayern nur für einen kurzen Moment in seiner kontemplativen Ruhe zu stören. Ein zweiter Liter Bier muss her, damit die Ruhe des Gemütes wieder die richtige Balance findet, und dann, eine halbe Stunde später, eine dritte Maß. Einen der umtriebigen jüngeren Colatrinker am gleichen Tisch irritiert dieser Sachverhalt sicht- und hörbar: „Wissen Sie eigentlich“, so seine suggestive Frage an den Tischnachbarn, „wissen Sie eigentlich, dass man langsam blöde wird, wenn man so viel Bier trinkt?“

„Wieso“, die unaufgeregte Antwort des Bayern, „wieso, ich hab doch Zeit.“

Kloster auf Zeit

Die Klöster, so liest und hört man mit Erstaunen, erleben eine Renaissance – vulgo: einen „Boom". Nicht jedoch von jenen, die den Dienst an sich und der Welt aufgeben, um ihn durch den an Gott und an der Schöpfung zu ersetzen. Vielmehr sind es jene, die die Schöpfung aus der Perspektive möglichst großer Wertschöpfung betrachten, manipulieren und ausbeuten, die zu den Kreuzgängen drängen. So mancher Abt erkennt bei diesem Andrang, dass auch die Zeit des Klosters mit Geld verrechenbar ist.

So strömen sie, die Manager, in die gottesdienstliche Stille. Sie fliegen ein und lassen sich per Taxi an die Pforten abgelegener Klöster bringen – immer mit etwas zu viel Gepäck und nicht selten auch mit Laptop und Mobiltelefon. So ganz traut man dem eigenen Entschluss zur Askese dann auch wieder nicht – und allzu asketisch soll der Verzicht ja doch nicht sein. Es reicht ja, wenn man mal schnell, so wie Woody Allens Filmfigur Nadelmann, in die gegenüberliegende Zimmerecke rennt, in der Hoffnung, rasch einen Blick auf sich selbst werfen zu können. Mehr ist zeitlich auch nicht drin, und aus der Selbstkonfrontation lässt sich auch nicht allzu viel Profit ziehen. „So ein Kloster auf Zeit – einfach Spitze! – müssen Sie auch mal machen!"

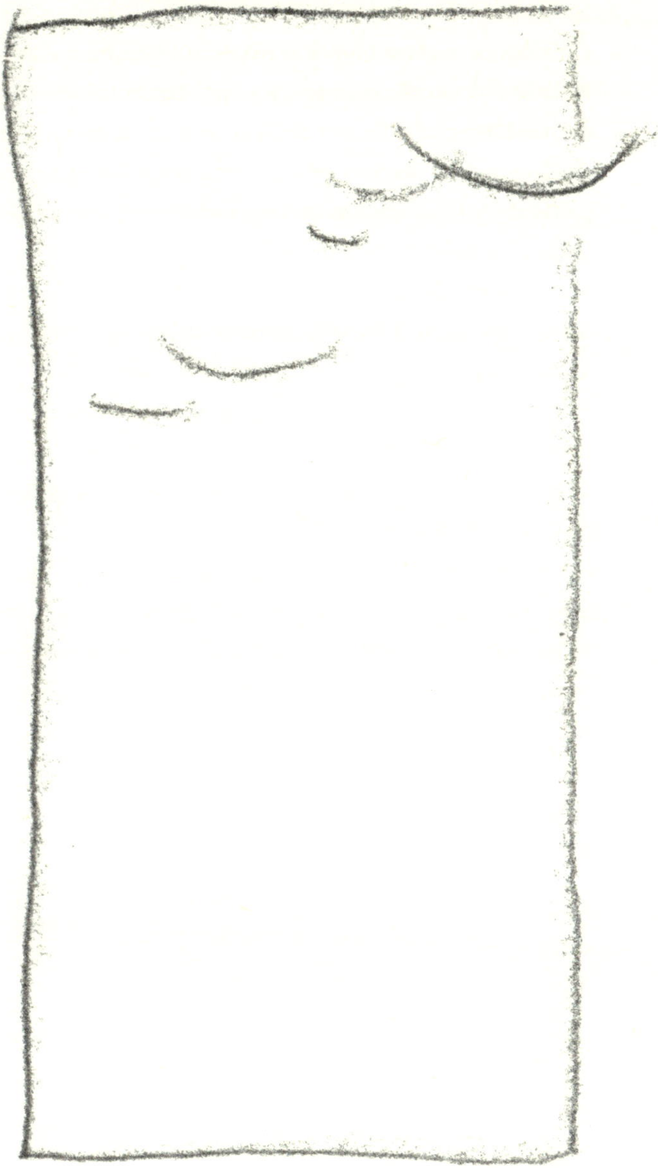

TLG

Arbeiten im Schlaf

Dass Arbeit nicht nur am Schreibtisch, am Computer, am Bankschalter, in der Werkstatt oder auf dem Felde geleistet wird, hatte bereits der in Geschäften überaus erfolgreiche Lorenzo de Medici erkannt. Einem dieser heute noch viel häufiger vorkommenden emsigen und umtriebigen Menschen, der ihn noch am späten Vormittag im Bett antraf, antwortete er auf dessen vorwurfsvollen Blick: „Was ich in einer Stunde geträumt habe, ist mehr wert, als was Ihr in vier getan habt."

Von der Natur lernen – aber was?

In der Bionik, jener mal mehr, mal weniger gelungenen Verbindung von Technik und Biologie, rühmen wir uns der Idee, dass der Fortschritt nicht ausschließlich darin besteht, sich von der Natur und ihren Gestaltungsprinzipien immer weiter zu entfernen. „Von der Natur lernen", lautet das Programm der Bionauten. Aber was soll gelernt werden und wie soll gelernt werden? Erheblich weniger euphorisiert als uns die verwertungsorientierten Technikwissenschaftler immer wieder suggerieren, fühlt man sich nach einer Antwort auf diese Frage. Man erkennt einerseits, dass die Natur zwar fleißig als Lehrmeisterin genutzt wird, aber dies nicht unbedingt zum Nutzen der Natur. Von der paradiesischen Vorstellung einer Versöhnung von menschengemachter Zivilisation und Natur ist die Bionik weit entfernt. Nicht selten führt das „Lernen von der Natur" zu einer weiteren Eskalation unseres Ausbeutungsimpulses gegenüber der Natur. Wir nutzen nämlich das Ideenpotenzial der Natur in vielen, ja in den meisten Fällen zur Optimierung unseres technischen Verstandes und nur sehr selten zur Versöhnung von Technik und Natur. So aber entfernen wir uns immer mehr von jenen natürlichen Prozessen und Gestaltungsprinzipien, von denen zu lernen wir bestrebt sind. Das aber reduziert schließlich auch unsere Lernmöglichkeiten im Hinblick auf die Natur.

Besonders offensichtlich wird dies, wenn man sich um Antworten auf die Fragen bemüht, was denn von der Natur gelernt wird und was nicht? Eine kritische Analyse macht bereits bei relativ oberflächlicher Betrachtung deutlich, dass äußerst selektiv gelernt wird. So etwa zeigen sich Bioniker sehr stolz, die Konstruktion von Fluggeräten den Vögeln abgeschaut zu haben, und verpflichteten kurzerhand Leonardo da Vinci zu ihrem Stammvater. Für Unterwasserfahrzeuge, auch das ein immer wieder publiziertes Beispiel, standen die äußere Form und die Bewegungen der Delfine Pate. Und bei jenen Techniken und Geräten, die die Mobilität der Menschen und den Gütertransport auf dem Lande erhöhen, macht man mit Vorliebe Anleihe bei den schnellsten Großkatzen.

Die Beispiele machen es deutlich: Man hat bisher dann von der Biologie gelernt, wenn's um die Steigerung der Schnelligkeit und der Beschleunigung ging. Erheblich weniger lernbereit zeigte man sich bei anderen zeitlichen Phänomenen, wie z.B. der Langsamkeit, der Dauerhaftigkeit und der Langlebigkeit. Dann müsste man sich ja mit Schildkröten, Elefanten und Faultieren beschäftigen. Bisher haben die Bioniker ihre Ideenproduktion auch noch nicht auf den Quastenflosser konzentriert. Diese Fischart existiert bereits seit 400 Millionen Jahren. Sie konnte so lange überleben, weil sie sich in völlig ruhige Zonen des Meeres, auf ca. 500 Meter Wassertiefe, zurückgezogen hat. Wenn man nur wollte, dann könnte man im Hinblick auf die potenzielle Überlebensfähigkeit der Spezies „Mensch" daraus etwas lernen: In der Ruhe nämlich liegt die Kraft und nicht im steten Hin- und Herrasen. Wenn man nur wollte! Aber dazu fehlt uns die ruhige Umgebung und die Rückzugsfähigkeit eines Quastenflossers.

Zeitaskese

Askese ist jene Lebensform, die Gewinn durch Verzicht verspricht. Sie setzt Möglichkeiten menschlichen Denkens und Handelns voraus, auf die verzichtet werden kann, ohne dass dabei die Gefahr, an Leib und Leben Schaden zu nehmen, über die Maßen wächst. Tote können nicht asketisch sein – oder sie sind es in einem sehr radikalen Sinn. Ebenso ist es auch für jene Menschen sinnlos, sich für die Askese zu entscheiden, die täglich um ihr Leben kämpfen müssen und deren Handeln zuallererst darin besteht, dem verfrühten Tode zu entkommen. Kurz gesagt: Askese ist ein Wohlstandsphänomen. Es setzt Wahlmöglichkeiten des Handelns voraus, also einen – wenn auch manchmal nur geringen – Reichtum an existenziellen Alternativen. Zeitaskese in einem radikalen Sinne gibt es daher nicht. Im Hinblick auf die Zeit, die ja dem Leben a priori vorausgesetzt ist bzw. mit diesem identisch ist, haben wir keine Alternative: Zeitlosigkeit ist keine. Sie gleicht dem Tod, daher ist der Selbstmord auch keine asketische Handlung. Er hindert uns vielmehr daran, asketisch sein zu können. Zeitaskese wäre, im Falle des Todes, negationsresistent. Sie ließe sich nicht mehr rückgängig machen. Ganz aber kann nicht ausgeschlossen werden, dass „Zeit" eigentlich nichts anderes ist als die Einredung, sich nicht unter den Toten zu befinden.

Wenn auch keine lebendige Alternative zur „Zeit" besteht, so existieren doch Wahlalternativen im Hinblick auf unseren Umgang mit Zeitmustern und Zeitformen. Also mit jenen Qualitäten von Zeit, die unser Zeithandeln bestimmen und die wir aktiv gestaltend beeinflussen können. Insofern gibt es Möglichkeiten des Verzichts im Hinblick auf bestimmte Formen des

Umgangs mit dem, was wir „Zeit“ nennen. Aber es gibt keinen generellen Verzicht auf „Zeit“, der nicht tödlich enden würde. Askese lässt sich nur dort als realistische Alternative im Leben realisieren, wo neben der „Zeit“ noch das Bewusstsein von „Zeit“ und die Perspektive, ihre menschengemachte Ordnung verändern zu können, hinzukommen. In diesem Sinne verstehen auch die Leser und Leserinnen die großflächigen Anzeigen von Banken und Versicherungen, die jüngst gehäuft in Tageszeitungen auftauchen. Das von ihnen plakatierte Versprechen: „Wieder befreien wir uns von Raum und Zeit“ wird nicht als Todesdrohung (wie es zweifelsohne auch gelesen werden könnte), sondern als das Freiheitsversprechen interpretiert, extern gesetzte Zeitzwänge loszuwerden. Lässt man sich von solch dubiosen Einredungen nach mehr Zeitsouveränität nicht blenden, dann erkennt man den Zwang, der mit dieser offerierten „Freiheit“ notwendigerweise verbunden ist. Es ist der große Zwang zur kleinen Freiheit, der uns täglich als Aufforderung zu „mehr Flexibilität“ aufgedrängt wird.

Die Freiheit der Wahl mutiert zu einer Qual der Wahl. Zeit-Wohlstand lässt sich nicht um den Preis von Zeitnot realisieren. Um dieser „veloziferischen“ Logik zu entkommen, hilft nur eines: Verzicht auf einen Teil der menschengemachten Zeitfreiheit. Dieser Verzicht nämlich erschließt uns (Zeit-)Freiheiten. Reich kann man nämlich auf zwei Arten werden: Zum einen, und dies ist der heute massenhaft beschrittene Weg, indem man Güter und Geld anhäuft, zum anderen, indem man die Wünsche und Erwartungen verringert. „Man verliert“, so Goethe, „nicht immer, wenn man entbehrt.“ Diese Weisheit könnte er von Xenophon, dem Schüler des Sokrates, gestohlen haben:

„Keiner Sache bedürfen, ist Göttern vorbehalten; möglichst weniger Dinge zu bedürfen, kommt den Göttern am nächsten." Von Xenophon wiederum hat Montaigne abgeschrieben:

Je mehr du dir versagst in deinem Leben,
je mehr wird von den Göttern dir gegeben.
Ganz wunschlos sein – das will ich nun erstreben.

Das gilt für unseren herrschenden Pseudowohlstand an Gütern und Geld genauso wie für die vermeintliche Errungenschaft, über „Zeit" immer und überall entscheiden zu können. Asketisches Handeln basiert auf dem paradoxen Sachverhalt, dass das Maß der Zeit-Freiheit durch jene temporalen Entscheidungsmöglichkeiten bestimmt wird, die man **nicht** nutzt und auch **nicht** benötigt. „Nicht jedesmal", so der bescheidene Robert Walser, „können Bemühungen belohnt werden. Manchmal haben Versäumnisse oder Unterlassungen gute Folgen."

Der Zeit gilt es also Zeit zu geben – wie es die Mexikaner, von denen diese sprichwörtliche Aufforderung stammt, gegenüber den beschleunigten Angehörigen der Industrienationen immer wieder anmahnen. Dies, mehr nicht, ist Zeitaskese. Weder die Hetze, mit der so mancher Meditations-Guru von Besinnung zu Besinnung eilt, noch der rasende Besinnlichkeitstaumel, den wir mit Vorliebe vor Weihnachten sozial arrangieren, ist mit der Idee der Askese vereinbar. Genauso wenig wie der übertrieben sportliche Ehrgeiz, sich zum Athleten des Verzichts und der Enthaltsamkeit zu stilisieren. Temporale Askese ist immer nur temporäre Askese. Sie ist die wiederholte Erfahrung, dass unser Leben zuallererst bedeutet, Zeit zu leben und nicht Zeit zu organisieren. Sie ist die Kunst, das Zeitliche bereits als Lebende segnen zu können. Unverzichtbar aber ist dafür die Anstrengung, über Zeit nachzudenken. Denn das bedeutet nichts anderes, als sich auf den Tod vorzubereiten. Nur jene, die sich ihrer Endlichkeit bewusst sind und sich mit diesem unumgänglichen Sachverhalt versöhnt haben, müssen nicht alles haben und auch nicht alles machen.

Der Kampf gegen die Zeit

„Matches against time", nannten die Briten einstmals jene moderne Sportbewegung, bei der nicht mehr, wie beim antiken Wettstreit, jene zu Siegern gekürt werden, die als Erste das Ziel erreichen, sondern diejenigen, die die geringste Zeit benötigen. Die Uhr wurde vor etwas mehr als 200 Jahren zum Gegner, nicht mehr die Sportkameraden. Man rennt, man schwimmt gegen ein Gerät, von dem behauptet wird, es würde die Zeit anzeigen. Nur so konnte in der jüngsten Geschichte ein Phänomen entstehen, das man in der Antike nicht kannte, der Rekord. Im Rekord verschwinden die Gegner. An deren Stelle treten Zeiteinheiten wie Stunden, Minuten, Sekunden und Bruchteile davon. Diese Rekordsucht ist nichts anderes als die Dramatisierung der nackten Zeit. Die Mitstreiter sind nicht mehr länger Gegner, diese sind, wenn es sie überhaupt noch gibt, nur Mittel, um Rekorde zu brechen, oder – wie es illusorisch verklärend heißt – die Zeit zu schlagen. Läufer und Schwimmer werden nur dann zu großen Wettkämpfen zugelassen, wenn sie vorher eine normierte Minimalzeit vorweisen können, ganz egal, wen sie dabei besiegt haben und wen nicht. So kommt es vor, dass der Rekordhalter niemals den Zweitbesten der Welt besiegt hat, und trotzdem kommt er zu seiner Prominenz. Der Zweitbeste wiederum kann zwar alle Rennen gewonnen haben, aber er bleibt doch nur der Zweitbeste. Das Subjekt wird entmachtet, gekämpft wird gegen die selbst geschaffenen Objekte. Zuerst erfinden wir die Uhr und dann kämpfen wir gegen sie. Das aber tun wir ja nicht nur bei den Wettkämpfen. In nicht viel mehr besteht unser Alltag. Die Uhrzeit wird so zum Dauerthema in unserer erfolgsorientierten Gesellschaft.

Der Kampf gegen die Uhr und deren Zeit ist zum Wasserzeichen der verschärften Moderne geworden. Prämiert werden jene, denen das am besten gelingt. Schaut man genau hin, gewinnt aber doch immer nur die Uhr. Das macht das Leben nicht unbedingt lebendiger und auch nicht lebenswerter. Bei unserem Kampf gegen die Uhr werden immer nur die Zeiten der Wettkämpfer besser, auf bess're Zeiten hoffen wir dabei vergebens.

Bescheidene Utopie

Wer vor der Zeit Angst hat, organisiert sie.

Jedes Jahr der gleiche Trick: Im Frühjahr nimmt man uns eine Stunde – und im Herbst erhalten wir sie wieder zurück. Dass wir Zeit geraubt bekommen, das kennen wir nur allzu gut, das passiert uns täglich, nicht nur bei der jährlich wiederkehrenden Einführung der „Sommerzeit“. Dass wir aber mit einer Stunde beschenkt werden, das ist in unserer Hochgeschwindigkeits-Zivilisation ein eher seltenes Ereignis.

Die Uhr wird für eine Stunde ohnmächtig. Einmal im Jahr wissen wir für sechzig Minuten nicht, was die Stunde geschlagen hat. Irgendwie haben wir Sehnsucht nach dieser Situation, und trotzdem fürchten wir uns vor ihr. Die schöne Hoffnung, eine Stunde geschenkt zu bekommen, wir dürfen sie haben – aber wir dürfen sie nicht leben. Wir müssen sie – und sollen sie wohl auch – verschlafen. Das Geschenk wird uns in tiefster Nacht gemacht, dann, wenn wir still und brav in unseren Betten liegen, zwischen zwei und drei Uhr. Es ist dies die lebloseste Zeit des Tages. Die geschenkte Stunde ist es damit auch. Ein solches Geschenk scheint irgendwie zu stören. Aber wen eigentlich?

Zuallererst die Fahrplanfetischisten bei der Bahn AG. Sie haben um diese Zeit die geringsten Organisationsprobleme mit dem Zugverkehr. Aber warum soll der Rest der Bevölkerung eigentlich sein Leben am Lauf der Züge ausrichten? Das tut er sowieso schon allzu häufig.

Sehr lieblos gehen wir mit der geschenkten Stunde am Ende des Sommers um. Wir überleben die uns geschenkte Stunde, aber wir leben sie nicht; gefüllte, nicht erfüllte Zeit ist unser Streben.

Warum eigentlich bekommen wir die 60 Minuten nicht am Nachmittag zwischen 14.00 und 15.00 Uhr geschenkt? Zu dieser Zeit könnten wir doch viel mehr mit ihnen anfangen. Das wäre doch toll. Eine Stunde Zeit, die nicht abläuft! So etwas will ich doch erleben und nicht verschlafen! Eine Stunde ohne Zeittakt: Das möchte ich doch nutzen und mir erlauben, selbst eine Stunde takt-los sein zu dürfen. Eine Stunde Zeit, in der man das Zeitliche bereits in lebendigem Zustand segnen könnte – das wär's!

Lasst uns dafür kämpfen, zu jeder Zeit – nur nicht in den geschenkten Stunden! Eine Verschiebung von 12 Stunden müsste doch möglich sein! Welche Partei verspricht uns dies? So könnten wir nicht nur zwischen Parteien, sondern zwischen Programmen wählen.

Eine Stunde temporäres Brachland zwischen zwei und drei Uhr nachts, geschenkt!

P. S.: Und wenn wir schon dabei sind; warum hängen wir denn eigentlich den Schalttag, der uns alle 4 Jahre geschenkt wird, nicht an den Juni an. Da ist es doch viel sonniger als im meist grauen Februar.

Postmoderne Religiosität

Auch wenn im Alltag die Prinzipien und die Werte des christlichen Weltbildes und die der christlichen Botschaft immer mehr an Einfluss verlieren, so kann man nicht von einer Reduktion religiösen und quasireligiösen Verhaltens sprechen. Die Heiligen, die wir anbeten, stehen nicht mehr im Kalender und ihre Gebeine liegen auch nicht mehr in prunkvoll ausgestatteten Truhen in den Kapellen unserer Kathedralen. Die Heiligen sind abstrakter geworden. Sie heißen heute Flexibilität, Mobilität und Globalisierung. Die Heilserwartungen der Postmoderne werden nicht mehr länger durchs Beten, sondern durch Lernen und durch Managen bearbeitet. So ist es nur konsequent, dass Führungskräfte ihre schwergewichtigen Zeitplansysteme wie Monstranzen vor sich hertragen. Dafür haben wir Gott – modernisierungsbedingt – in eine „Seniorenresidenz" abgeschoben. Ihn brauchen wir nicht mehr, weil wir uns selbst zu engelsgleichen Wesen gemacht haben. Den Gesetzen der Schwerkraft unterliegen wir im Cyberspace nicht mehr und die Grenzen von Raum und Zeit überwinden wir mühelos so, wie sich das unsre Vorfahren nur von den Engeln vorstellen konnten. Die Technologie wird zum Vollstrecker der Theologie. Und wenn wir schließlich mal wieder irdisch werden, dann kleben wir mit Vorliebe blaue Engel auf jene Produkte, von denen wir glauben, sie verdienten es. Heilserwartungen haben wir mehr denn je. Nur befriedigen wir diese nicht mehr durch Gebete oder durchs Anzünden von Kerzen in den prachtvollen Seitenkapellen unserer Kathedralen, wir verbinden sie heute mit Vorliebe an spekulative Transaktionen an der Börse. Sie ist es, die die ehemals kirchliche Aufgabe, die Zeit zu strukturieren, übernimmt. So schafft sie neuerdings Sonn- und Feiertage ab und eliminiert mit ihren Rund-um-die-Uhr-Aktivitäten den in der Schöpfung grundgelegten Unterschied von Tag und Nacht. Vielleicht aber – und das lässt den für ausgerottet gehaltenen Aberglauben wieder zur Hintertür herein – schafft die Börse die Wochentage nur deshalb ab, weil sie sich dadurch verspricht, auch von schwarzen Freitagen verschont zu bleiben. Wer aber schützt uns vor dem Risiko, dass wir am Ende schließlich nur noch schwarze Freitage haben?

P. S.: Soeben lese ich eine aufschlussreiche Zeitungsmeldung diesbezüglich: Eine amerikanische Studie erbringt den Beweis, dass Menschen, die regelmäßig Gottesdienste besuchen, gegenüber der kirchenabstinenten Bevölkerung eine höhere Lebenserwartung haben, dazu noch geistig und körperlich fitter sind und seltener unter Depressionen und hohem Blutdruck leiden. Ob die Börse so etwas auch anbieten kann?

„Nichts ist geschehen“

Stellen Sie sich vor, ein Zeitzeuge, ein Historiker oder auch vielleicht Ihr Großvater, berichtet Ihnen, im Jahre 1950 sei nichts geschehen. Würden Sie ihm glauben, würden Sie neugierig werden und nachfragen? Oder würden Sie ihn für eine Person halten, die nicht ganz bei Sinnen ist? Wahrscheinlich Letzteres.

In unseren heutigen Zeiten muss nämlich immer etwas geschehen und deshalb muss auch immer etwas geschehen sein. Wer dies leugnet, macht sich zum Fall für die Psychiatrie oder, je nach vorangeschrittener Lebenszeit, fürs Altersheim, das, ohne dass wirklich etwas geschehen ist, jetzt „Seniorenresidenz“ heißt. Aber genau diese Formulierung, „nichts ist in diesem Jahr geschehen“, findet man ab und zu in alten Chroniken, beispielsweise in einer walisischen aus dem Jahre 1048.

Ein Jahr, in dem nichts geschieht, das könnte uns vielleicht einmal unser Kanzler in einer seiner unvermeidlichen Silvesteransprachen ankündigen. Aber dürfte er anschließend dann noch Kanzler bleiben? Selbstverständlich nicht, denn er ist ja primär dafür da, dass etwas geschieht – und dass dabei nicht allzu viel passiert. Trotzdem, nach einem ersten Schreck und einem Anfall von Ängstlichkeit, dass uns in einem solchen Jahr unendlich langweilig würde, entwickelte sich bei uns vielleicht, wenn wir ehrlich sind, eine große Sehnsucht nach einem solchen Jahr des Nichtgeschehens. Eine Zeit, in der die Tagesschau aus 364 Wiederholungen jener Tagesschau bestünde, die am 1. Januar gesendet wurde, und die „Heute“-Sendung nur jene 20 Sekunden dauern würde, die es zur Verkündigung der Information braucht, dass heute nichts geschehen sei. Ach ja, warum geschieht das eigentlich nicht? Vielleicht, weil dies überhaupt das größtmögliche allen Geschehens wäre, das uns passieren könnte. Aber wenn wir tot sind, dann geschieht es andauernd, dass nichts geschieht. Ein bisschen würde man schon gerne wissen, wie das dann ist.

Sein und Zeit

Der Mensch ist ein zeitliches Wesen. Das bedeutet, dass er der Zeit und damit ihrer Entwicklungs- und ihrer Zerstörungskraft unterworfen ist. Mit dem Entstehen des neuzeitlichen Strebens nach Naturbeherrschung versucht er seit dem Beginn der Renaissance diesen Prozess systematisch zu kontrollieren. Dies in der Hoffnung, einerseits dem Bedrohungspotenzial der Zeit zu entgehen, andererseits ihre Entwicklungsmöglichkeiten eigenmächtig zu gestalten. Dies führte zur Entstehung eines im Diesseits verankerten Heilsgedankens, der zwar heutzutage seine ehemals tiefe religiöse Bindung zunehmend verliert, im Glauben an die Möglichkeiten der Medizin und des Zeitmanagements aber neuerdings eine irdische Wiederauflage erfährt.

Was machen wir heute mit der Zeit? Wir bekämpfen sie, wir organisieren sie, wir glauben sie zähmen und kontrollieren zu können. Wir gehen mit ihr um, als sei sie ein wildes, hochgefährliches Tier, das es zu domestizieren gilt. Mit dieser überflüssigen, weil vergeblichen Anstrengung verbringen wir die Zeit. Eines Tages werden wir darüber sterben. Warum aber machen wir es uns so schwer und segnen das „Zeitliche" erst am Ende unserer Zeit? Warum tun wir das nicht bereits als Lebende?

Von Pascal haben wir den entscheidenden Hinweis für einen gesegneten Umgang mit der Zeit zu Lebzeiten erhalten: *O wie glücklich sind die, die in völliger Freiheit und ganz von selber das lieben, was zu lieben sie ohnehin verpflichtet sind.* Die Zeit nämlich.

Wie entsteht Neues?

Kreativität und Innovation sind Fähigkeiten, die von der Gesellschaft, speziell im Arbeitsbereich, gefordert werden. Wie aber kommt man zu kreativem und innovativem Handeln?

Ein wirklich echter Zuwachs an neuer handlungsrelevanter Erkenntnis, also das, was wir „Innovation" nennen, kann nicht detailliert geplant werden. Ansonsten müsste man ja bei der Planung bereits wissen, was herauskommt. Wenn man das aber wüsste, bräuchte man nicht mehr zu planen. Wirklich Neues entsteht durch Zufall, so wie auch der Mensch durch Zufall entstand (durch Mutation und Selektion). Ist das so, dann ist es der Zufall, den es im Leben und beim Arbeiten zuzulassen gilt. Da jedoch der Zufall das Gegenteil von Planung darstellt, bedeutet dies, sich ungeplanten Situationen auszusetzen. Beziehen wir diese Logik auf unseren Umgang mit der Zeit, werden die Grenzen der Zeitplanung offensichtlich. Vieles von dem, was wir im Leben zu schätzen gelernt haben, ist kreativen Menschen im Traum eingefallen. So führt beispielsweise der Chemiker Kekulé die 1865 von ihm entdeckte Ringstruktur des Benzols auf einen seiner Träume zurück, bei dem eine Schlange, die sich in den eigenen Schwanz biss, auftauchte. Das Rätselhafte, bemerkte Einstein, ist die Quelle aller wahren Kunst und Wissenschaft. Jener Einstein, dem, wie überliefert wird, die Idee zur einfachen Relativitätstheorie beim Klavierspiel kam.

Ungeplante und unverplante Zeit erhöht daher die Wahrscheinlichkeit innovatorischer Erkenntnisse. Sie garantiert diese jedoch nicht. Aber auch das kann überraschend und neu sein.

Was tun – wenn die Zeit drängt?

– Wenn die Zeit denn wirklich eine Ressource ist, dann muss man sie ja nicht notwendigerweise verbrauchen – man kann sie pflegen, schonen und behüten.

– Wenn die Zeit wirklich schnell vorbeigeht, dann könnte man sie laufen lassen und auf neue warten – denn diese kommt sicher.

– Wenn die Zeit rast, muss man nicht unbedingt mitrasen – man kann auch stehen oder sitzen bleiben und die Zeit an sich vorbeirasen lassen.

– Wenn die Zeit drängt, muss man sich nicht drängeln lassen. Wir haben nicht zu wenig Zeit, wir haben zu viel zu tun. Und das kann man ändern.

– Wenn die Zeit nicht reicht, dann kann man sich mit dem zufrieden geben, was man hat. Denn wir leben nie das ganze Leben, immer nur einen kleinen Teil davon.

Wie wir Zeit sparen könnten

Wer Zeit zu sparen versteht, ist in unserer Gesellschaft angesehen. Prestige und Einkommen winken. Schöne Aussichten – aber wie kann man eigentlich Zeit sparen? Einige ungewöhnliche Antworten:

- Wir könnten mehr Zeit sparen, wenn wir nicht so viel Zeit für die Organisation von Zeit aufwenden würden.
- Wir könnten Zeit sparen, wenn wir nicht so häufig die Frage: „Wie viel Uhr ist es?" stellen würden.
- Wir könnten Zeit sparen, wenn wir nicht mehr so häufig auf die Uhr schauen würden.
- Wir könnten Zeit sparen, wenn wir die Zeit nicht als etwas begreifen würden, das man sparen kann.
- Wir könnten Zeit sparen, wenn wir uns weniger anstrengen würden, Zeit zu sparen.

Warnung:

Diese Vorschläge sind (leider) für jene, die sie ernst zu nehmen gedenken, nicht allzu prestigeträchtig, und sie tragen auch nicht dazu bei, die Wahrscheinlichkeit einer angestrebten Einkommenssteigerung zu erhöhen.

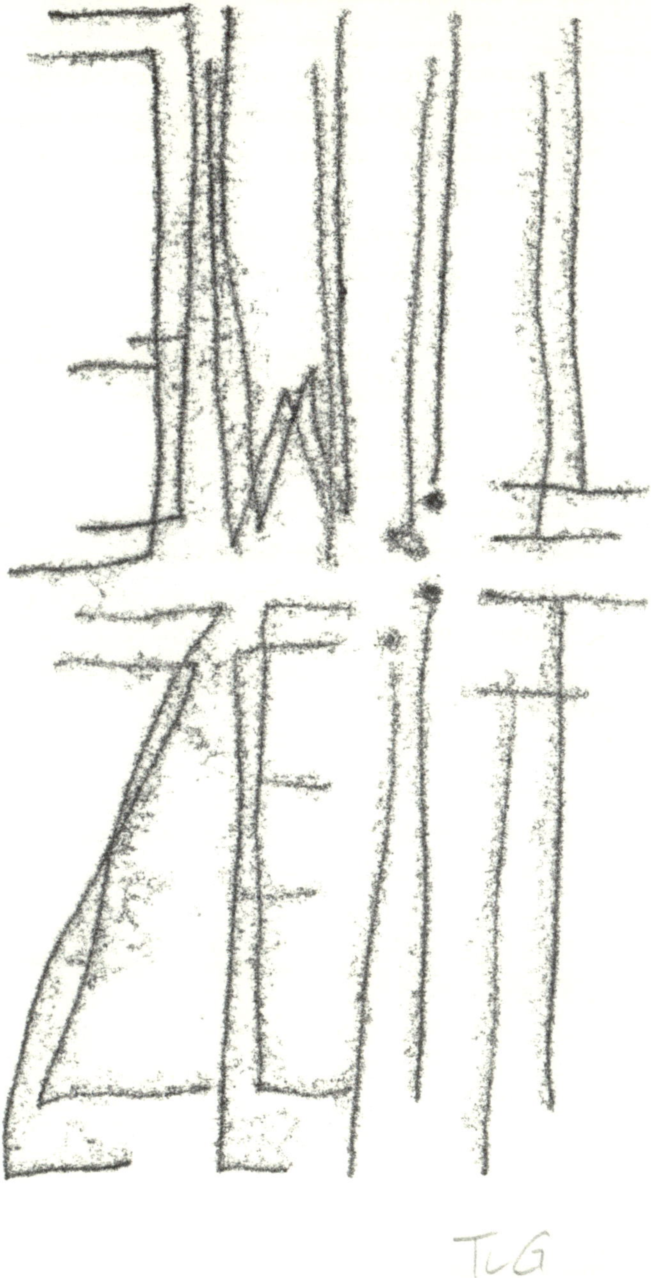
ZEIT
TLG

Anregungen zur Reduktion des Zeitaufwands

Immer wieder tauchen in der Literatur Gedichte, Erzählungen und Notizen auf, die die Frage stellen, warum wir uns bei dem Streben nach Erfolg und der Suche nach Glück so anstrengen, warum wir dafür einen so großen zeitlichen Aufwand betreiben, wo doch das Glück und auch der Erfolg so nahe liegen.

Montaigne schildert im 42. Kapitel des ersten Buches seiner „Essays" eine Anekdote vom König Pyrrhus (dem wir die zweifelhaften „Pyrrhussiege" zu verdanken haben):

Als König Pyrrhus den Vorsatz fasste, nach Italien überzusetzen, wollte ihm Kineas, sein weiser Ratgeber, die Nichtigkeit seines Ehrgeizes vor Augen führen. Daher fragte er ihn: „Zu welchem Ende, o Herr, beginnt ihr dieses große Unternehmen?" „Um mich zum Herrscher über Italien zu machen", antwortete der König ohne zu zögern. „Und was dann?", fuhr Kineas fort. „Dann werde ich nach Gallien und Spanien ziehn." „Und dann?" „Dann werde ich hingehn und Afrika bezwingen, und zu guter Letzt, wenn ich mir die ganze Welt unterworfen habe, will ich mich zur Ruhe setzen und ein zufriedenes und behagliches Leben führen." „Bei Gott, o Herr", erwiderte hierauf Kineas, „sagt mir, was euch hindert, dies, da ihr es doch wollt, jetzt schon zu tun? Warum lasst ihr euch nicht von Stund an zu der Ruhe nieder, die ihr anzustreben behauptet, wenn ihr euch damit all die Mühen und Gefahren ersparen könnt, die ihr euch vorher in den Weg legt."[4]

Auch Kant, der ja für den eher verschwenderischen Umgang mit Zeit nicht allzu viel übrig hatte, bediente sich als fast Siebzigjähriger dieser ehemals von Plutarch erzählten Anekdote.[5] In der Nachschrift seiner Vorlesung vom Winter 1791/1792 finden wir in einer Fußnote folgenden Text:

Pyrrhus, König in Macedonien und Nachfolger des grossen Alexanders, hatte den Kopf voll von grossen Thaten. Einst sagte er zu seinem Hauptmann Cyrus: „Nun will ich nach Italien gehen und die Römer überwinden.“ Dieser frug ihn: „Und hernach?“ „Dann will ich nach Klein Asien ziehen um die Völker zu demütigen und dann nach Syrien.“ Cyrus frug ihn weiter: „und hernach?“ „Dann wollen wir in Ruhe ein Glas Wein trinken.“ „Ey“, sagte Cyrus, „so wollen wir itzt lieber gleich anfangen zu trinken.“[6]

Mit mehr oder weniger großen Veränderungen taucht diese Anekdote in der Literatur immer wieder auf, mal als volkstümliche Episode aus sonnigen Ländern, aber auch als anspruchsvolle Literatur, z. B. bei Heinrich Böll. Dort heißt sie „Anekdote zur Senkung der Arbeitsmoral“.[7]

Und wenn man gehetzte und durch Eile reich gewordene Topmanager mittleren Alters fragt, was sie nach zehn weiteren Jahren des Geldverdienens machen möchten, sagen sie gern: „Dann will ich mir unter südlicher Sonne den Wein und das italienische Essen schmecken lassen“, oder wie man es kürzlich von einem New Yorker Börsenmanager lesen konnte: „Dann möchte ich einen kleinen Blumenladen in Manhattan aufmachen.“ Ja, warum denn nicht gleich! An der Finanzierung dieser Sehnsüchte kann doch so viel Bescheidenheit nicht scheitern.

4 M. D. Montaigne: Essays, übersetzt von Hans Stilett. Frankfurt 1998, S. 137.

5 Aus: Plutarch: Vita Pyrrhi, Kap. XIV.

6 Aus: J. Kant: Handschriftlicher Nachlass, Bd. II Reflexionen zur Anthropologie. In: Kant's gesammelte Schriften, Bd. XV. Berlin/Leipzig 1923, S. 168.

7 Aus: H. Böll: Anekdote zur Senkung der Arbeitsmoral. In: Erzählungen 1950–1970. Köln.

Von anderen lernen

Goethe gesteht:
Dieser Tage habe ich wieder mehr gearbeitet als genossen.
Ital. Reise, 12. Sept. 1787

Jakob und Wilhelm Grimm bitten:
Nicht so schnell, soll ich sterben, so muss ich auch dabei sein.

Der engl. Volksmund empfiehlt:
Early to bed and early to rise, keeps a man healthy, wealthy and wise.

Gryphius fragt:
Man sagt, die Zeit ist schnell, wer hat sie sehen fliegen?

Kafka fleht:
Bitte, Vater, lass doch die Zukunft noch schlafen, wie sie es verdient. Wenn man sie nämlich vorzeitig weckt, bekommt man dann eine verschlafene Gegenwart.

Flaubert kritisiert:
Ach, der Fortschritt, was für ein Schwindel.

Wilhelm Busch rät uns:
Lasst uns lieben, singen, trinken,
Und wir pfeifen auf die Zeit;
Selbst ein leises Augenzwinkern
Zuckt durch alle Ewigkeit.

Jandl verwirrt:
Ich bin nicht gerne, wo ich bin.
Ich wäre nicht gerne, wo ich nicht bin
Ach, wäre ich gerne, wo ich nicht bin
Wäre vielleicht ich lieber, wo ich bin!

Chillida entdeckt:
Nicht die Zeit habe ich gesehen, ich habe das Laub fallen sehen.

Goethe resümiert:
Wir wollen alle Tage sparen,
Und brauchen alle Tage mehr.

Fontane verrät, was er braucht:
Ein gutes Buch, ein paar Freunde, eine Schlafstelle und keine Zahnschmerzen.

Übung für Gestresste
– aber auch für jene, die meinen, sie wären es nicht

Setzen Sie sich, ausgestattet mit den notwendigen Schreibutensilien, bequem an einen Tisch oder, wenn es die Umstände und das Wetter zulassen, in den Halbschatten eines lichten Laubbaumes und notieren Sie sich die Ihnen einfallenden Antworten auf die Frage: „Was kann ich alles in einer Stunde sein lassen?"

Zumindest in der daran anschließenden Stunde lassen Sie dann alles das sein.

Falls es Ihnen zu langweilig wird, beobachten Sie sich beim „Sein-lassen".

Hinweis: *Diese Übung kann beliebig wiederholt werden. Sie ist auf längerfristige Zeitmaße, z. B. Tag, Woche usw., ebenso anwendbar. In diesem Falle sollten Sie jedoch Ihre Angehörigen, sowie Ihren Arbeitgeber vorsorglich von Ihrem Vorhaben informieren.*
Viel Erfolg!

Es bleibt alles beim Neuen

Alte Gewissheiten sind brüchig geworden, und die neuen verschleißen meist schon kurz nachdem man sie glaubt erlangt zu haben.

In einer solchen Situation, die historisch nicht einmalig ist, stellen sich folgende Handlungsalternativen:

1. Schneller werden, das heißt, möglichst schneller als der Verschleißprozess abläuft neue Gewissheiten produzieren. Solange dies gelingt, also die Produktion schneller, oder zumindest so schnell geschieht wie der Verschleiß, funktioniert dieses Konzept. Dies ist jenes Konzept, nach dem wir mehrheitlich in unserer Republik heute verfahren.

2. Eine zweite Möglichkeit, auf diese Situation zu reagieren, bestünde nun darin, darüber nachzudenken, welche stabilen, dauernden Gewissheiten hinter den sich verbrauchenden und verfallenden Gewissheiten stecken. Hierdurch näherten wir uns dem Grund und den Ursachen unserer Neuerungshektik.

Beide Möglichkeiten unterstellen, dass es Gewissheiten gibt bzw. geben muss. Aber vielleicht ist ja auch das ungewiss. Um das aber herauszubekommen, führt nachdenkliches Innehalten eher zum Ziel, als betriebsame Hektik. Deshalb brauchen wir die Produktivität der beschaulichen Reflexion, die Kraft der Ruhe und die Anstrengungen des Meditativen und des Kontemplativen. *Ganz Zeit ohne Ziel* (NIETZSCHE).

Zeit für die Zeit

Nehmen Sie sich also Zeit für die Zeit. Das klingt in Zeiten hektischen Zeittrubels und selbstverordneter Tempoversessenheit äußerst luxuriös. Vielleicht ist es das auch. Sich Zeit nehmen ist aber nicht mit der Befriedigung der Sehnsucht nach erfüllter Zeit zu verwechseln. Jene, die über Zeit nachdenken, und jene, die das lesen, was diejenigen, die darüber nachgedacht haben, dann darüber schreiben – sie alle eint, dass sie sich eigentlich nicht wirklich Zeit nehmen. Was sie gemeinsam haben, ist ihr Traum, sich endlich einmal Zeit zu nehmen. Aber das ist in unserer Zeit auch schon viel.

Ende der Zeit

Zum Autor

Ich frage mich

I. Weiß ich etwas über „Zeit"?
Über Zeit weiß ich nicht viel mehr als Augustinus vor bereits 1600 Jahren wusste. Aber ich weiß sicher mehr über jenes Phänomen, das wir „Zeit" nennen, und noch mehr über das, was wir mit demjenigen tun, was wir „Zeit" nennen. Das aber kann ich nicht meiner Klugheit zuschreiben, sondern dem Sachverhalt, dass seit Augustinus viel Zeit vergangen, aber auch viel Zeit dazugekommen ist.

II. Wie bin ich eigentlich auf das Thema „Zeit" gekommen?
Wie kann man eigentlich als denkendes, zeitliches Wesen nicht auf die Zeit kommen?

III. Was ist ein Zeitforscher?
Ein Mensch, der in einer bestimmten Art forsch mit der Zeit umgeht.

IV. Was finde ich eigentlich so schön an dem Thema „Zeit"?
Dass man so viel über die Zeit und die Menschen lachen kann.

V. Wie würde ich gerne von meiner Mitwelt wahrgenommen werden?
Als eine zeitweise Person.

Zu guter Letzt

Zur Zeit gibt es nichts mehr zu sagen.

TLG

MONOTYPIEN

Weitere Bücher zum Thema „Zeit“
von Karlheinz A. Geißler

Es muss in diesem Leben mehr als Eile geben
Herder-Spektrum Taschenbuch, 2001
ISBN 3-451-05045-5

Zeit – verweile doch
Herder-Spektrum Taschenbuch, 3. Auflage 2001
ISBN 3-451-04875-2

Vom Tempo der Welt. Am Ende der Uhrzeit
Herder Verlag, 1999
ISBN 3-451-26977-5

Reihe „Ökologie der Zeit“
bei Edition Universitas im S. Hirzel Verlag

Martin Held und Karlheinz A. Geißler (Hrsg.)
Von Rhythmen und Eigenzeiten.
Perspektiven einer Ökologie der Zeit.
208 Seiten, 55 Abbildungen, 8 Tabellen, kartoniert
ISBN 3-8047-1414-5

Barbara Adam, Karlheinz A. Geißler und Martin Held (Hrsg.)
Die Nonstop-Gesellschaft und ihr Preis.
Vom Zeitmissbrauch zur Zeitkultur
257 Seiten, kartoniert
ISBN 3-7776-0796-7

Manuel Schneider und Karlheinz A. Geißler (Hrsg.)
Flimmernde Zeiten. Vom Tempo der Medien
324 Seiten, kartoniert
ISBN 3-7776-0937-4

Martin Held und Karlheinz A. Geißler
Ökologie der Zeit. Vom Finden der rechten Zeitmaße
187 Seiten, 29 Abbildungen, kartoniert
ISBN 3-7776-0989-7

Näheres zu den Titeln aus der Reihe „Ökologie der Zeit"
erfahren Sie im Internet unter http: //www.hirzel.de